Das
amtsgerichtliche Verfahren

nach der Novelle vom 1. Juni 1909

Unter Berücksichtigung der Streitfragen

für die Praxis systematisch dargestellt

von

M. K. Samter
Amtsgerichtsrat am Amtsgericht Berlin-Mitte

Leipzig
Verlag von Veit & Comp.
1910

Druck von Metzger & Wittig in Leipzig.

Vorwort

Die vorliegende Schrift kommt an mich gerichteten Wünschen nach, die eine systematische Darstellung des amtsgerichtlichen Verfahrens nach der Novelle vom 1. Juni 1909 unter Berücksichtigung der Streitfragen begehrten.

Die schnell und zahlreich aufgetretenen Streitfragen haben anscheinend die sichere und gleichmäßige Anwendung der amtsgerichtlichen Vorschriften zurzeit erschwert. Der Versuch, diese Schwierigkeit zu beseitigen und zu einer gefesteten Praxis herüberzuleiten, würde durch eine systematische, kritische Zusammenstellung der aufgetauchten Streitfragen kaum gefördert werden. Hier muß die stetige Selbstprüfung der streitigen Fragen durch die Praxis auf der festen Grundlage der Entstehungsgeschichte des Gesetzes eingreifen. Diese Selbstprüfung durch fortgesetztes Heranziehen der autoritativen Erläuterung der Gesetzesmotive zu erleichtern, ist der Hauptzweck dieses Buchs.

Das Mahnverfahren und die Kostenfestsetzung sind besonders eingehend erörtert, da ihre neuen Vorschriften erheblichere Schwierigkeiten bieten.

Die einzelnen besprochenen Gesetzesparagraphen sind im Anhang unter Verweisung auf die Seitenzahlen der Darstellung zum Abdruck gelangt.

Die Gesetzesmaterialien sind nach den Seitenzahlen der handlichen Sammlung angeführt, die im Verlag von Veit & Comp. unter dem Titel: „Materialien zu dem Gesetz vom 1. Juni 1909“ erschienen ist.

Berlin-Charlottenburg, den 6. Juli 1910.

Samter.

Inhalt

Verzeichnis der Abkürzungen

Arch.	= Archiv für zivilistische Praxis.
BGB.	= Bürgerliches Gesetzbuch.
Blätt. f. Rechtspf.	= Blätter für Rechtspflege im Bezirk des Kammergerichts.
Busch Zeitschr.	= Zeitschrift für deutschen Zivilprozeß, herausgegeben von Schultzenstein und Vierhaus.
Delius	= Die Zivilprozeßordnung nebst Einführungsgesetz.
Deut. Jur.-Zeit.	= Deutsche Juristenzeitung.
GebO. f. Rechts.	= Gebührenordnung für Rechtsanwälte.
Falkmann-Mugdan	= Die Rechtsprechung der Oberlandesgerichte.
Goldmann	= Die Novelle zur Zivilprozeßordnung. Ein Vortrag. Verlag von Franz Vahlen.
Gruchot	= Beiträge zur Erläuterung des deutschen Rechts.
GVG.	= Gerichtsverfassungsgesetz.
Jur. Woch.	= Juristische Wochenschrift.
Kom.Ber.	= Kommissionsbericht.
Korn	= Handausgabe der Zivilprozeßordnung.
Mand	= Die Änderungen des Gerichtsverfassungsgesetzes usw.
Materialien	= Materialien zu dem Gesetz vom 1. Juni 1909 usw. (Verlag von Veit & Comp.)
Recht	= Das Recht. Rundschau für den deutschen Juristenstand.
RG.	= Entscheidungen des Reichsgerichts in Zivilsachen.
Reincke-Wienstein	= Die Zivilprozeßordnung.
Samter	= Die Änderungen der Zivilprozeßordnung nach der Novelle vom 1. Juni 1909.
Stein	= Die Novelle zur Zivilprozeßordnung v. 1. Juni 1909 usw.
Sydow-Busch	= Zivilprozeßordnung 12. Auflage.

Paragraph 1.

Die Grundsätze des amtsgerichtlichen Verfahrens.

Das landgerichtliche Verfahren wird von den Grundsätzen des Parteibetriebes, der Verhandlungsmaxime, der Mündlichkeit beherrscht.

Das amtsgerichtliche Verfahren ist nach der Novelle vom 1. Juni 1909 jenen Grundsätzen nur noch zum Teil unterstellt.

1. a) **Der Parteibetrieb ist bis zum Erlasse des Urteils durch den Amtsbetrieb ersetzt.**

Dies spricht die Begründung (Materialien S. 15) in den klaren, jeden Zweifel ausschließenden Worten zu § 496 dahin aus:

> „Die Abs. 1, 2, 3 sind dem § 32 GewGG. nachgebildet. In Anlehnung an dieses Gesetz und das KfmGG. will der Entwurf eine Beschleunigung und Verbilligung des amtsgerichtlichen Prozesses vor allem dadurch erreichen, daß für das Verfahren bis zum Erlasse des Urteils an Stelle des Parteibetriebes der Amtsbetrieb in vollem Umfang eingeführt wird."

Es ist sonach für den Prozeßabschnitt von der Klageeinreichung bis zur Urteilsverkündung nicht zutreffend, wenn in der Literatur[1] die Ansicht vertreten wird, „der Grundsatz des Parteibetriebs sei allerdings in großem Umfang durch die Vorschriften des § 496 durchbrochen, der Parteibetrieb nicht ausgeschaltet."

b) **Die Folgen des Amtsbetriebs** bis zum Erlasse des Urteils sind:

α) **Die Ladungen und Zustellungen** erfolgen von Amts wegen, sobald eine prozeßrechtliche Handlung einer Partei, wie die Einreichung einer Klage, eines Einspruchs (— eine Ausnahme bildet nur der Eingang eines Widerspruchs § 696 Abs. 2 —), vorliegt (das Nähere siehe S. 68).

[1] Insbesondere von Goldmann in beweislosen Ausführungen S. 25 u. f.

Ein ausdrücklicher Antrag auf Anberaumung eines Termins, wo eine solche durch die konkrete Prozeßhandlung, wie z. B. die Klageeinreichung, geboten, ist somit, von der eben gedachten Ausnahme des § 696 Abs. 2 abgesehen, nicht mehr erforderlich.

Da gerichtsseitig und nicht parteiseitig zu laden ist, so wird durch § 497 Abs. 2 gestattet, Ladungs-Ausführung und -Nachweis durch die formlose Mitteilung eines Termins und einen schriftlichen Aktenvermerk darüber zu ersetzen, aber nur dann, wenn „bei" Einreichung oder Anbringung der Klage oder des Antrags der auf diese angeordnete Termin mitgeteilt wird. (Vgl. S. 7 A. 2.)

Ist eine Partei — und zwar auch nur eine (anders § 198 im landgerichtlichen Verfahren) — durch einen Anwalt vertreten, so ersetzt die datierte und unterschriebene Empfangsbescheinigung desselben den Zustellungsnachweis. § 496 Abs. 4. (Vgl. S. 7 A. 2.)

β) **Das Ruhen des Verfahrens** zu vereinbaren, bleibt trotz des Amtsbetriebes den Parteien unbenommen; und zwar kann diese Vereinbarung ausdrücklich wie stillschweigend durch Nichterscheinen beider Parteien im Termin zur mündlichen Verhandlung getroffen werden. Dies spricht der § 503 ausdrücklich aus.

Das Prinzip des Amtsbetriebs mit seinem Zwecke der Beschleunigung des Verfahrens hat aber zur Ausführung zu gelangen, sobald nur eine Partei erscheint, zwar Anträge nicht stellt, aber auch die Erklärung nicht abgibt, daß das Verfahren ruhen soll.

In einem solchen Falle nötigt die durch den Amtsbetrieb dem Amtsrichter auferlegte Pflicht, den Fortgang des Verfahrens zu betreiben, dazu, von Amts wegen einen neuen Verhandlungstermin anzusetzen und zu verkünden. (Samter, Die Änderungen A. 3 § 503.)

Einer Ladung der Parteien zu diesem neuen Termin bedarf es gemäß § 329 nicht (s. aber S. 7).

In der Literatur[1] wird dieses unter Bezugnahme auf § 333 ZPO. bestritten.

Der § 333 kommt aber hier nicht in Betracht; derselbe stellt nur eine Partei, die gegenüber einer erschienenen und verhandelnden Partei eine Erörterung der Sache ablehnt, nur für die Anwendbarkeit der §§ 330—347 einer nicht erschienenen gleich. Eine weitergehende Bedeutung hat der § 333 nicht, anderenfalls könnte niemals

---

[1] Stein A. zu § 503; Goldmann, S. 28; Frohmuth, Jur. Woch. 1910 S. 271, nimmt nur an, daß, wenn beide Parteien erscheinen ohne zu verhandeln, anderweiter Termin anzusetzen ist.

im landgerichtlichen Verfahren auf Antrag einer erschienenen Partei ein neuer Verhandlungstermin verkündet werden.

2. **Die Verhandlungsmaxime,** welche die Motive zur Zivilprozeßordnung vom 30. Januar 1877 (Materialien II S. 210) an Stelle der einstigen Untersuchungsmaxime für den Zivilprozeß eingeführt hat, bleibt auch für den amtsgerichtlichen Prozeß trotz der neuen Vorschrift des § 502 unberührt.

Dieser § 502 legt in Ergänzung der §§ 136—139 dem Amtsrichter die Pflicht auf, in der mündlichen Verhandlung „das Sach- und Streitverhältnis mit den Parteien zu erörtern" und ferner (wie schon der bisherige § 502 bestimmte), dahin zu wirken, daß die Parteien über alle erheblichen Tatsachen sich vollständig erklären und die sachdienlichen Anträge stellen.

Die durch die Novelle vom 1. Juni 1909 ausdrücklich ausgesprochene richterliche Pflicht, das Sach- und Streitverhältnis mit den Parteien zu erörtern, räumt aber dem Amtsrichter, wie die Begründung (Materialien S. 19) ausdrücklich hervorhebt, nicht die Befugnis ein:

> „die Parteien zu Erklärungen, die sie nicht abgeben wollen, zu veranlassen; sondern es soll nur der Richter ausdrücklich darauf hingewiesen werden, daß er eine Partei, die ihre Rechte durch einen erschöpfenden Vortrag des Sachverhalts nicht genügend wahrzunehmen vermag, zu diesem Zwecke in geeigneter Weise zu unterstützen hat."

Erzielt eine solche richterliche Unterstützung der Partei in ihrem Sachvortrage dennoch nicht einen geeigneten Vortrag, so ist § 157 anzuwenden. Es sei hierbei aber darauf hingewiesen, daß bei den höherwertigen und schwierigen Prozeßgegenständen, die nach dem neuen § 23 GVG. dem amtsgerichtlichen Verfahren unterstehen, eine Selbstvertretung der Partei zwar sehr leicht ein unsachgemäßes Prozeßergebnis erzielen kann. Dieser Umstand allein kann aber die Anwendung des § 157 noch nicht rechtfertigen.

Die Voraussetzungen der Anwendbarkeit des § 157 bleiben, wie die Motive (Materialien II S. 1217 zur ZPO. v. 30. Januar 1877) zeigen, mangelnde Intelligenz oder organische Sprechmängel einer Partei.

3. **Das Mündlichkeitsprinzip** ist auch für den amtsgerichtlichen Prozeß trotz des § 502, von zwei Ausnahmen abgesehen, aufrecht erhalten.

Die amtsgerichtliche Verhandlung hat daher gemäß § 137 mit der Stellung der Anträge der Parteien zu beginnen. Es folgen sodann die in freier Rede zu haltenden Vorträge der Parteien.

1*

In der Literatur[1] wird aus der Neufassung des § 502 gefolgert: im amtsgerichtlichen Verfahren sei ein zusammenhängender mündlicher Vortrag nicht mehr erforderlich; es könne vielmehr nach Stellung der Anträge der Richter die Initiative ergreifen und in eine Erörterung der einzelnen Streitpunkte mit den Parteien eintreten.

Ein solches Verfahren ist allerdings bei einzelnen schwer belasteten Amtsgerichten schon vor der Novelle oft unvermeidbar gewesen; es kann aber nicht dem geringsten Zweifel unterliegen, daß dieses Verfahren wie vor, so auch jetzt nach der Novelle vom 1. Juni 1909 eine Verletzung der Verfahrensvorschrift des § 137 ist, die der Genehmigung beider Prozeßparteien mindestens nach Maßgabe des § 295 bedarf.

Diese Genehmigung will die Neufassung des § 502 keineswegs entbehrlich machen. Sie will, wie die Begründung (Materialien S. 19) zeigt und vorstehend schon erwähnt ist, nur die Aufklärungs- und Fragepflicht des Gerichts aus §§ 136—139 erweitern, da im amtsgerichtlichen Verfahren vielfach Personen verhandeln, die der Rechte unkundig und außerstande sind, ihr Anliegen in freier Rede vorzutragen. (Das Nähere s. S. 19—22).

Die durch die Novelle vom 1. Juni 1909 geschaffenen Ausnahmen von dem Mündlichkeitsprinzip enthalten:

a) § 502 Abs. 2, der eine Bezugnahme auf Schriftstücke (über diesen Begriff s. S. 21) für zulässig erachtet, soweit keine der Parteien widerspricht und das Gericht sie für angemessen hält.

b) § 697 Abs. 2, der nach Erlassung eines Zahlungsbefehls und Erhebung eines Widerspruchs die Verweisung an das dem Amtsgericht übergeordnete Landgericht ohne vorgängige mündliche Verhandlung gestattet. (Das Nähere s. S. 71.)

Paragraph 2.

Die Zustellungen und die Ladungen.

A.

Die Zustellungen.

1. **Die Arten der Zustellungen:** von Amts wegen und auf Parteibetreiben sind zwar nach der Novelle vom 1. Juni 1909 auch

[1] Stein A. I[1] § 502, und vor allem Vorbemerkung IV vor § 495.

für den Amtsgerichtsprozeß geblieben, mit der Einführung des Amtsbetriebs für den letztern hat sich aber das quantitative Verhältnis jener zwei Arten zueinander verschoben.

2. a) **Die Zustellung von Amts wegen** erfordern:

α) nicht verkündete Beschlüsse und Verfügungen, wie bisher; hinzugekommen sind aber:

β) die Klage und alle Anträge und Erklärungen seit Klagerhebung bis zur Urteilsverkündung § 496, einschließlich der bis zum letzten Zeitpunkt vorzunehmenden Ladungen.

Über die Art und die Notwendigkeit der Zustellung jener Anträge und Erklärungen ist Seite 14 das Nähere dargelegt.

b) **Der Zustellung im Parteibetriebe** sind danach nur verblieben:

Die Zustellung der Urteile (§ 317 Abs. 1, § 496 Abs. 1). Bei Erlaß von amtsgerichtlichen Versäumnisurteilen, denen Vollstreckungsbefehle gleichstehen, gilt aber der Gerichtsschreiber stillschweigend mit der Vermittelung der Zustellungen als bevollmächtigt von derjenigen Partei, die das Urteil erwirkt hat, sofern nicht diese Partei ausdrücklich erklärt, daß sie selbst einen Gerichtsvollzieher mit der Zustellung beauftragen will.

Den Urteilen stehen die ohne mündliche Verhandlung erlassenen Beschlüsse auf Anordnung eines Arrestes oder einer einstweiligen Verfügung (§§ 922, 935) gleich. (Gleicher Ans.: Stein, A. 12 § 496.)

β) **Die Zustellungen in der Zwangsvollstreckungsinstanz.** Die Zustellungen und Ladungen im Verfahren zur Leistung des Offenbarungseids sind aber nach der Neufassung des § 900 dem Amtsbetriebe unterstellt; das gleiche gilt in dem Verfahren behufs Anordnung eines Arrestes und einstweiliger Verfügung nach mündlicher Verhandlung (§§ 921, 922) oder nach erhobenem Widerspruch (§ 924 S. 88—89) trotz des prozeßrechtlichen Arrestzwecks einer antizipierten Zwangsvollstreckung.

3. **Die Ausführung der Zustellung von Amts wegen** vollzieht sich, sofern:

α) **Beschlüsse und Verfügungen** zuzustellen sind durch Herstellung einer Ausfertigung derselben und Übergabe derselben an die Person, der sie zuzustellen sind; sofern:

β) **Klagen, Schriftsätze, protokollarische Erklärungen und andere Urkunden** zuzustellen sind, durch Anfertigung beglaubigter Abschriften derselben durch den Gerichtsschreiber und Übergabe dieser Abschriften an die Person, der zuzustellen ist (§ 210).

Diese Abschriften, die der Gerichtsschreiber zu beglaubigen hat, sollen nach § 496 Abs. 2 falls einer Partei, die Urschrift der gedachten Urkunden einreicht, — die somit stets bei den Gerichtsakten bleibt, — parteiseitig beigefügt werden.

Ist die Beifügung der Abschriften aber unterblieben, so hat dies nur die Folge, daß dieselben (§ 86 Abs. 2 GKG.) auf Kosten der Partei von Amts wegen anzufertigen sind.

In der Literatur wird, besonders von Stein (A. II 3 und A. II § 340a), angenommen, die Beglaubigung der vorgedachten Abschriften könne, sofern eine Partei durch einen Anwalt vertreten sei, auch durch diesen erfolgen.

Diese Annahme aber erscheint gegenüber der strikten Vorschrift des § 496 in Verbindung mit § 210 ohne jede ausreichende Begründung. Gl. A.: Frohmuth in d. Jur. Woch. 1910 S. 272.

Im Amtsgerichtsprozeß ist daher auch die Abschrift der Einspruchsfrist von dem Gerichtsschreiber zu beglaubigen, denn die Vorschrift im § 340a letzter Satz ist für den nichtamtsgerichtlichen Prozeß getroffen und wird für den Amtsgerichtsprozeß eben durch § 496 geändert.

Streitig ist ferner, ob im Amtsgerichtsprozeß eine Zustellung der Schriftsätze von Anwalt zu Anwalt die Zustellung von Amts wegen ersetzen kann; dies ist zu verneinen, auch wenn die Urschrift des in jener Art zugestellten Schriftsatzes dem Gericht eingereicht ist. Der § 198 ist für den Amtsgerichtsprozeß durch § 496 beseitigt.[1] Rechtlich hat ein derartiger Schriftenwechsel daher lediglich den Charakter einer außergerichtlichen Korrespondenz zwischen den beteiligten Anwälten, die somit jeder prozeßrechtlichen Wirkung entbehrt.

Ein solcher Schriftenwechsel kann daher im Amtsgerichtsprozeß — in dem vorbereitende Schriftsätze nicht gewechselt werden müssen und in einfachen Sachen auch entbehrlich sind — nur den tatsächlichen Zweck rechtzeitiger Information des Gegners erfüllen und insoweit allerdings schwer belastete Amtsgerichte entlasten.

4. **Die Zustellung vollzieht sich** durch die Übergabe des zuzustellenden Schriftstücks, also der zuzustellenden Ausfertigung oder Beglaubigung (vorsteh. Ziffer) durch einen Gerichtsdiener oder einen Postboten und Aufnahme einer Zustellungsurkunde seitens dieser Zustellungsbeamten.

Zwei Ausnahmen hiervon enthalten, wie S. 2 schon erwähnt,

---

[1] Gl. A.: Mand, S. 20; Stein, A. I 4 § 496. A. M.: Rieß in d. Jur. Woch. 1910 S. 100 und Goldmann, S. 12.

der § 496 Abs. 4 und der § 497 Abs. 2 für das amtsgerichtliche Verfahren:

Der § 496 Abs. 4 gestattet in Abweichung von § 198 einen Zustellungsnachweis in der Form einer datierten und unterschriebenen Empfangsbescheinigung eines Anwalts; auch wenn durch solchen nur eine Partei vertreten ist;[1]

der § 497 Abs. 2 gestattet die Ausführung wie den Nachweis der Ladung einer Partei durch die formlose Mitteilung eines Termins und den schriftlichen Aktenvermerk über diese Mitteilung.

Diese formlose Mitteilung ist aber nur dann statthaft, wenn „bei" Einreichung oder Anbringung der Klage oder eines Antrags der auf diese angeordnete Termin der Partei mitgeteilt wird.

Identität des Eingangsdatums auf Klage oder Antrag und des Aktenvermerks sind daher hier unbedingt erforderlich.[2]

5. **Ladungen zu Terminen**, welche in verkündeten Entscheidungen bestimmt, sind nicht erforderlich (von einer, Seite 33, besprochenen Ausnahme bei Anordnung des persönlichen Erscheinens abgesehen) (§ 218).

Es ist kaum erklärlich, daß in der Praxis über die Anwendbarkeit des § 218 im Amtsgerichtsprozeß Zweifel entstanden sind.

Der Amtsbetrieb ist im amtsgerichtlichen Verfahren lediglich an die Stelle des bisherigen Parteibetriebs getreten; wo daher Ladungen im Parteibetrieb nicht erforderlich sind, sind sie es auch nicht im Amtsbetrieb.

Ergeht daher ein Beschluß auf Bestimmung eines neuen Termins in einem Verhandlungstermin, zu dem die Parteien form- und

---

[1] Im preußischen Rechtsgebiete bestimmt zur Ausführung des § 496 Abs. 4 der § 6 Ziff. 1 der JM. v. 1. Februar 1910 JMBl. 43: Soweit sich Gelegenheit bietet, hat der Gerichtsschreiber die Zustellung an die zu Prozeßbevollmächtigten bestellten Rechtsanwälte, die im Dienstgebäude des Gerichts anwesend und zur Empfangnahme der Zustellung unter Erteilung einer Empfangsbescheinigung bereit sind, gegen diese Bescheinigung selbst zu bewirken oder durch einen Gerichtsdiener bewirken zu lassen.

[2] Vgl. Samter, Die Änderungen der ZPO. A. 4 § 497. A. M.: Laubhardt im Recht 1910 S. 281, der die formlose Terminsmitteilung aus § 497 Abs. 2 „noch an demselben Kalendertage innerhalb einer nach Ermessen des Gerichtsschreibers zu stellenden Frist für statthaft erachtet" und ferner auch in dem Falle, wo „die Partei nicht persönlich in der Gerichtsschreiberei die Klage einreicht". Beide Annahmen finden in dem Wortlaute des § 497 Abs. 2 keine Stütze und erscheinen unzulässig, wenn berücksichtigt wird, daß Abs. 2 § 497 eine, als solche strikt zu interpretierende, Ausnahme von den Formvorschriften der §§ 208—213 enthält. Gl. A.: Stein A. VII § 497.

fristgerecht geladen waren, so bedarf es auch im Amtsgerichtsprozeß einer Ladung der säumigen Partei zu dem neuen Termin nicht.

In einem Punkte nur, nämlich für die Frage der form- und fristgerechten Ladung, schafft hier der eingeführte Amtsbetrieb eine Besonderheit.

Im Parteibetriebe ladet die eine Prozeßpartei die andere, nur diese ist die geladene; die ladende Partei „gilt" infolge ihrer Ladung als geladen. Im Amtsbetriebe werden beide Parteien von Amts wegen geladen.

Objektiv liegt daher eine form- und fristgerechte Ladung zu einem Termin nur dann vor, wenn beide Parteien, die erschienene wie die säumige, form- und fristgerecht geladen sind. Allein liegt letztgedachte Voraussetzung auch nur gegenüber der säumigen Partei in einem Termin vor, so kann trotzdem in diesem rechtsgültig die Verkündung eines neuen Termins erfolgen, die eine Ladung der Parteien von Amts wegen gemäß § 218 entbehrlich macht.

Denn die erschienene, nicht rechtsgültig geladene Partei verzichtet ja durch widerspruchslosen Eintritt in die Verhandlung, wenn auch nur zwecks Verkündung eines neuen Termins, auf den nur ihr gegenüber vorliegenden und daher einseitig heilbaren Mangel der Ladung zu dem Termin, in welchem jene Verkündung erfolgt.

Rügt aber die erschienene Partei den Mangel der Ladung zu dem Termin, dann ist ein neuer Termin nicht zu „verkünden", sondern zu bestimmen, und zu diesem sind beide Parteien von Amts wegen zu laden.

Paragraph 3.

Der Abschnitt vom Eingang der Klage bis zum ersten Verhandlungstermin.

Die Klage, Prüfung derselben, die Bestimmung und Vorbereitung des Termins.

1. **Der Eingang der Klage** vollzieht sich durch Einreichung eines diese enthaltenden Schriftsatzes oder durch mündliche Anbringung zum Protokoll des Gerichtsschreibers (§ 496 Abs. 2).

2. **Der Inhalt der amtsgerichtlichen Klage** wird durch § 253 in der abändernden Verbindung mit den §§ 496, 497 Satz 1 und 3 bestimmt.

a) **Wie im nichtamtsgerichtlichen Verfahren müssen:**

α) die **Parteien** bezeichnet sein (über die Angabe des gesetzlichen Vertreters vgl. Gruchot 38, 1205);

β) das **Gericht**, das angerufen wird, ist zu bezeichnen;

γ) der **Gegenstand** des Klaganspruchs ist bestimmt anzugeben. Es ist daher ersichtlich zu machen, ob eine Feststellung aus § 256 (vgl. auch § 280) oder eine Leistung im Sinne des § 241 BGB. — s. aber auch §§ 257—259 ZPO. — begehrt wird.

Ist der Gegenstand der amtsgerichtlichen Klage eine Handlung, zu deren Vornahme der Beklagte verurteilt werden soll, so kann nach § 510b Klagegegenstand nicht nur die Handlung, sondern zugleich auch für den Fall nicht fristgemäßer Vornahme dieser Handlung die Zahlung einer Entschädigung sein. (Das Nähere s. S. 35—39.)

δ) **Der Grund der Klage** ist bestimmt anzugeben.

Dies ist im amtsgerichtlichen Prozeß mit seinem Amtsbetrieb nicht nur von rechtlicher Bedeutung für die Fragen der Klagänderung, Rechtshängigkeit und Rechtskraft (§§ 264, 268, 322), sondern hier, wo eine Ladung, wie sofort unter b sich zeigen wird, nicht erforderlich, entscheidend für die Frage, ob überhaupt eine Klage mit einem eingereichten Schriftsatz beabsichtigt ist (vgl. auch folgende Ziff. 3).

b) **Im amtsgerichtlichen Verfahren hat aber die Klage nicht eine Ladung zu enthalten**, denn der § 497 bestimmt: Ladungen durch die Parteien finden nicht statt, und die Begründung bemerkt hierzu (Materialien S. 15): „für das Verfahren bis zum Erlasse des Urteils wird an Stelle des Parteibetriebs der Amtsbetrieb in vollem Umfang durchgeführt". Hiermit ist die Vorschrift der Ziffer 3 des § 253 für den Amtsgerichtsprozeß beseitigt.

Enthält die amtsgerichtliche Klage eine Ladung, so ist dies indessen nur ein superfluum non nocens.

„Auch eines Antrags auf Zustellung bedarf es hier nicht," wie die Begründung besonders hervorhebt (Materialien S. 16).

3. **Die amtsrichterliche Prüfung der eingereichten Klage** hat sich darauf zu erstrecken, ob letztere die vorerwähnten Voraussetzungen des § 253 Ziff. 1 u. 2 erfüllt, und sofern dies nicht zutrifft, die Terminsbestimmung abzulehnen.

Dies ist zwar für das Verfahren mit Parteibetrieb streitig (vgl. Arch. f. Ziv. Pr. Bd. 64 S. 273; Wach, Vorträge 1 zu S. 24; dagegen: Busch Zeitschr. 37 S. 286).

Für den durch die §§ 497 u. flg. neugeregelten Amtsgerichtsprozeß ergibt sich aber die Notwendigkeit jener Ablehnung nicht nur aus dem Begriff des Amtsbetriebs, sondern vor allem hier aus dem Fortfall der Ziff. 3 des § 253 (der Ladung). Es kann infolgedessen im Einzelfalle jeder sachliche Anhalt dafür fehlen, ob durch Einreichung eines Schriftsatzes, der die Voraussetzungen der Ziff. 1 u. 2 des § 253 nicht erfüllt, überhaupt die Erhebung einer Klage beabsichtigt wird.[1]

Eine weitere Vorprüfung der eingereichten Klage ist aber unzulässig, da das Prinzip des Amtsbetriebs das Mündlichkeitsprinzip unberührt gelassen hat.

Die aus dem Klagevortrag sich ergebende Unzuständigkeit des angerufenen Gerichts kann insbesondere die Ablehnung der Terminsbestimmung nicht rechtfertigen, wie die §§ 505, 506 zeigen. Unbedenklich aber erscheint, mit Rücksicht und mit Hinweisung auf § 505 Abs. 3 die Klage mit dem Anheimgeben zurückzugeben, das zuständige Amtsgericht anzugehen. (Samter, Die Änderungen A. 3 § 496.)

In der Literatur (Goldmann, S. 28) ist das für unstatthaft erachtet worden, weil dadurch die Absicht der Partei, die Verjährung eines Anspruchs gemäß § 496 Abs. 3 durch Einreichung bei dem unzuständigen Amtsgericht zu unterbrechen, illusorisch gemacht werden könnte.

Dies ist unrichtig; der § 212 BGB. zeigt, daß die Einreichung der zurückgegebenen Klage die Verjährung unterbrochen hat, nur muß der Kläger binnen sechs Monaten von neuem die Klage bei dem zuständigen Amtsgericht wieder einreichen (vgl. auch den rechtsanalogen Fall in der Rechtsp. d. Oberl., Falkmann-Mugdan III 10).

Zweifelhaft ist die Behandlung einer Klage, die durch einen Prozeßbevollmächtigten ohne Vollmacht eingereicht ist.

Die uneingeschränkte Fassung des § 88 Abs. 2 zeigt, daß der Mangel der Vollmacht schon bei Einreichung der Klage zu berücksichtigen ist.

Andererseits ergibt sich aus § 89 Abs. 2, daß der Mangel der Vollmacht noch nicht die Ablehnung der Terminsbestimmung rechtfertigen kann.

Reicht ein Anwalt eine Klage ohne Beifügung der Prozeßvollmacht ein, so wird die sofortige Zulassung desselben aus § 89 und

---

[1] Samter, Die Änderungen, A. 3 § 496. A. M.: Kann, Juristisches Literaturblatt vom 15. Mai 1910 S. 111, da „auch die Anberaumung des Termins Amtsbetrieb sei“; dies ist unzweifelhaft zutreffend, trifft aber den hier zu entscheidenden Punkt nicht, daß jener Amtsbetrieb nur dann durch Terminsbestimmung einzusetzen hat, wenn eine diese Maßnahme begründende Klage vorliegt.

die Terminsbestimmung und Ladungen der Parteien regelmäßig bedenkenfrei sein. Ist aber der Einreicher der Klage ein durch Prozeßvollmacht nicht legitimierter Laienvertreter, so ist zwar die sofortige Bestimmung des Termins unbedenklich, es ist aber in diesem Falle die Nachweisung der Vollmacht oder im Ausnahmefall die Stellung und Begründung eines Antrags aus § 89 Abs. 1 binnen kurzer Frist unter dem Präjudiz der Nichtladung der Parteien anzuordnen.

Hierzu nötigt die durch den Amtsbetrieb gebotene Pflicht gesetzmäßiger Ladungen.

Eine Ladung des Klägers in jenem Fall ist nicht begründet, denn es steht noch dahin, ob dieser tatsächlich ein Klagebegehren gestellt hat. A. M.: Frohmuth in d. Jur. Woch. 1910 S. 271, vgl. auch Gaupp-Stein, § 89 II.

4. **Die Terminsbestimmung** ist gemäß § 216 Abs. 2 binnen 24 Stunden vorzunehmen. Jene Vorschrift steht im ersten Buch der allgemeinen Bestimmungen der ZPO., ist durch die §§ 495 u. f. nicht abgeändert und gilt daher auch für den Amtsgerichtsprozeß. Stein, A. III § 497, verneint dies, „weil hier eine eingehendere sachliche Prüfung erforderlich ist, als bei der Parteiladung".

Diese Annahme ist ohne gesetzliche Begründung.

Die gewählte Terminsbestimmung muß darauf Bedacht nehmen, daß die Einlassungsfristen des § 499 gewahrt werden können. Andererseits ergibt sich aus § 507, in dem § 261 Abs. 2 nicht mehr aufgeführt ist, daß der Termin nicht weiter als zur Wahrung der Einlassungsfrist erforderlich ist, herausgerückt werden soll.

Nach § 499 in Verbindung mit Art. V der Novelle vom 1. Juni 1909 beträgt:

Die Einlassungsfrist:[1]

drei Tage, wenn die Zustellung am Sitze oder im Bezirke des Prozeßgerichts erfolgt;

wenn die Zustellung zwar im Bezirke eines anderen Gerichts erfolgt, ein Teil jenes Bezirks aber zum Bezirke des Prozeßgerichts gehört;

wenn ohne die letztgedachte Voraussetzung zwar die Zustellung an einem Orte im Bezirke eines anderen Gerichts erfolgt, dieser Ort aber vom Bundesrat[2] als Nachbarort eines Orts des Prozeßgerichtsbezirks und deshalb als eine Einheit mit diesem Ort bezeichnet wird.

---

[1] Samter, Die Änderungen A. 3 § 499.

[2] Bekanntmachung des Bundesrats v. 11. März 1910 (RGB. S. 474).

Eine Woche beträgt die Einlassungsfrist, wenn die Zustellung sonst im Inlande erfolgt.

24 Stunden umfaßt die Einlassungsfrist
in Meß- und Marktsachen,
im Wechselprozeß unter den Voraussetzungen des § 604 (vgl. S. 58—59).

Die Einlassungsfrist ist zu bestimmen und zwar bei der Terminsbestimmung, hier, wie gemäß § 262 Abs. 2 im nicht amtsgerichtlichen Prozesse, wenn die Zustellung im Auslande vorzunehmen ist (§ 499 Abs. 2).

Die Wahrung der Einlassungsfrist ist auch dem Kläger gegenüber geboten, der im Amtsgerichtsprozeß wie der Beklagte von Amts wegen zu laden ist. Dies ist für den Fall der Anwendung des § 330 und § 335 von Bedeutung.[1]

5. **Die Ladung der Parteien** zu dem auf die Klage bestimmten Termin, mit welcher an den Beklagten zugleich die Zustellung der Klageschrift oder des die Klage enthaltenden Protokolls zu verbinden (§ 498) ist, ist „durch den Gerichtsschreiber zu veranlassen" (§ 497 Abs. 1).

Diese Ladungsveranlassung umfaßt, wie Stein A. V § 497 zutreffend unter Hinweis auf § 377 aufführt, nichts weiter, als die Ausfertigung und Zustellung der Ladung von Amts wegen durch den Gerichtsschreiber.

Hieraus und aus der dem Amtsgericht, nicht dem Gerichtsschreiber auferlegten Amtsbetriebspflicht: „Der allgemeinen **Durchführung** der Zustellungen und Ladungen von Amts wegen und der geordneten Fortganggabe des Verfahrens" (Materialien S. 1517) ergibt sich:

a) **Die zu ladenden Personen** hat (wie auch bei den ferner nötigen Ladungen so vor allem nach der Klageterminsbestimmung) der Amtsrichter zu bezeichnen.

Diese Auswahl, namentlich wenn Nebenintervenienten, Streitverkündete, Hauptintervenienten (§ 64) neben den Parteien vorhanden sind, dem Gerichtsschreiber zu überlassen, dem ausreichende Rechtskenntnisse nicht zu Gebote stehen, wie Stein, A. V[2] § 497 will, ist mit einem geordneten Amtsbetriebe nicht vereinbar.

b) **Die Überwachung** der formgerechten und rechtzeitigen Ladung liegt dem Amtsrichter ob.

---

[1] S. auch Frohmuth, Jur. Woch. 10 S. 272; Stein A. IV 3 zu § 997.

Dies gilt auch für das preußische Rechtsgebiet, wenn auch in diesem der § 19 Nr. 3 der preuß. Geschäftsordn. für Gerichtsschreibereien dem Gerichtsschreiber nur die Vorlegung derjenigen Zustellungsurkunden aufträgt, die jener nicht für ordnungsmäßig hält.

Durch diese Vorschrift soll nur die Nachholung einer gehörigen Ladung möglichst beschleunigt werden.[1]

Der Amtsrichter hat die Überwachung der gesetzmäßigen Ladungen bzw. Nachholung derselben, nötigenfalls durch Terminverlegung, mittels entsprechender Reproduktionsverfügungen vorzunehmen. Diese werden praktisch derart zu erlassen sein, daß der Richter ganz allgemein die Vorlegung aller Terminsakten eines einzelnen Sitzungstags mehrere Tage vor diesem anordnet.

Selbstverständlich ist auch hier eine Heilung einer gesetzwidrigen Zustellung nach Maßgabe des § 295 möglich und von Amts wegen durch bezügliche Feststellungen mittels Anfrage bei den nicht richtig geladenen Parteien erzielbar, sofern nicht die objektiv formgerechte Zustellung die Voraussetzung einer öffentlichen Vorschrift ist, wie z. B. die über die Notfristen; die Wahrung derselben geschieht aber im Amtsgerichtsprozeß nach § 496 Abs. 3 schon mit Einreichung oder Anbringung des Antrags oder der Erklärung, sofern nur die Zustellung demnächst erfolgt. Dies gilt auch von der Klage aus § 1044; s. auch § 17 d. GewGerGes., § 19 des KaufmGerGes., § 100c des GenossGes. Eine vorschriftswidrige Ladung kann schließlich nach Maßgabe des § 187 doch ausreichend werden.

c) **Über die Ladungen** und den Zustellungsnachweis nach § 496 Abs. 4, § 497 Abs. 2 s. vorstehenden Paragraphen 2 S. 7.

d) **Die Unausführbarkeit der Ladung** des Beklagten wird regelmäßig Veranlassung bieten, den zunächst anberaumten Termin wieder aufzuheben und den Kläger von der Unausführbarkeit der Ladung zu benachrichtigen.

Eine Wohnsitzverlegung des Beklagten aus dem Prozeßgerichtsbezirks heraus nach Klageinreichung, die aus der Klagezustellungsurkunde oder dem Bericht des Zustellungsbeamten sich ergibt, bietet noch keinen Anlaß zur Terminsaufhebung.

Wohl aber ist von jenem Vorkommnis dem Kläger Kenntnis zu geben, und hiermit, falls der Kläger eine rechtsunerfahrene Person ist, ein Hinweis auf § 505 Abs. 3, sowie darauf zu verbinden, daß der Erlaß eines Versäumnisurteils infolge Gerichtsunzuständigkeit unstatthaft werden könnte (vgl. S. 53).

[1] S. auch D. Jur.-Zeitg. 10 S. 392.

6. Die Schriftsätze, Anträge und Erklärungen vor der mündlichen Verhandlung.

a) **Die Arten der Schriftsätze**, die nach Einreichung der Klage — deren Zustellung, als die Rechtshängigkeit des Klaganspruchs bedingend, stets zu erfolgen hat — eingehen, lassen sich dahin bestimmen:

α) Schriftsätze zur Vorbereitung der mündlichen Behandlung, wie die Klagebeantwortung, die Replik;

β) Schriftsätze rechtserzeugender Wirkung; hier kommen in Betracht: die Nebenintervention § 70, die Streitverkündung §§ 72, 75, die Aufnahme des ausgesetzten oder unterbrochenen Verfahrens § 250, die Anzeige des Erlöschens der Vollmacht § 87, die Zurücknahme der Klage § 271, die Erweiterung des Klagantrags § 268 Ziff. 2;

γ) Schriftsätze, welche eine Entscheidung des Gerichts vor Urteilsfällung veranlassen.

b) **Die Entscheidung über die Notwendigkeit der Zustellung der Schriftsätze** vor mündlicher Verhandlung hängt von der Auslegung der Bestimmung im § 496 ab: „(Die Klage sowie) sonstige Anträge und Erklärungen einer Partei die zugestellt werden sollen."

Der streitige Sinn dieser Worte ist richtig nur durch die Worte der Begründung festzustellen:

„Das Gericht(!) hat, wenn eine Zustellung erforderlich ist, diese aus eigener Veranlassung auszuführen, also auch die Notwendigkeit der Zustellung von Amts wegen zu prüfen. Welche Anträge und Erklärungen der Zustellung an die Gegenpartei bedürfen, braucht im einzelnen nicht bestimmt zu werden. Der Regel nach wird schon der Inhalt und Zweck des Antrags oder der Erklärung keinen Zweifel aufkommen lassen" (Materialien S. 16).

Hieraus ergibt sich zuvörderst:

α) **Das Gericht** allein und nicht, wie Stein A. II 2 § 496 annimmt, der Gerichtsschreiber, — dem eine rechtliche Prüfung der Art und Zustellungsnotwendigkeit der einzelnen Schriftsätze gar nicht zugemutet werden kann — hat die Entscheidung zu treffen, ob eine Zustellung eines eingegangenen Schriftsatzes zu erfolgen hat.[1]

Dieser Standpunkt wird unbedenklich im preußischen Rechtsgebiet auch von der Justizverwaltung vertreten, da im § 14 Nr. 1

[1] Vgl. auch Rieß, Jur. Woch. 1910 S. 99; unbestimmt Struckmann-Koch, A. 6 § 496; nach der vorstehenden Darlegung in ihrer Unbeschränktheit nicht richtig ist die Ausführung Mands S. 19: „Demnach kann der Richter nach freiem Ermessen auch die Schriftsätze zu den Akten schreiben, ohne sie der Gegenpartei bekannt zu geben."

der preuß. Geschäftsordnung für die Gerichtsschreibereien i. d. Fass. v. 29. Januar 1910, JustMinBlatt S. 22 angeordnet ist, daß der Gerichtsschreiber sämtliche eingereichte Schriftsätze vorzulegen hat.

β) **Die amtsrichterliche Entscheidung** ist nicht an den Willen oder den Antrag der Parteien, sondern an die einzelnen hier in Betracht kommenden gesetzlichen Vorschriften, und wo solche einen zwingenden Anhalt nicht ergeben, an vernunftmäßiges Ermessen gebunden.

Die Zustellung der vorstehend unter a α erwähnten vorbereitenden Schriftsätze hat daher der Amtsrichter regelmäßig anzuordnen, wenn ihre vorherige Mitteilung an den Prozeßgegner zur Vorbereitung seiner Gegenerklärung auch nur möglicherweise dienlich erscheint.

Schriftsätze, die nur Rechtsdeduktionen, Beweiswürdigungen, oder Wiederholungen oder Zusammenfassung von bereits Vorgetragenem enthalten, sind aber keiner Zustellung bedürftig.

Es beruht auf einer Verkennung des Zwecks und der Tragweite der vorstehend unter a α erwähnten vorbereitenden Schriftsätze, wenn Stein, A. II 2[1] der vorstehend vertretenen Auslegung des § 496 gegenüber ausführt, „die Parteien würden unter die Vormundschaft des Gericht gestellt", in ihrer „freien Entschließung über die zur Rechtsverfolgung oder Rechtsverteidigung erforderlichen Schritte" beschränkt und damit „die Verhandlungsmaxime" verletzt. Dies könnte nur dann zutreffend sein, wenn das Gericht auch den mündlichen Vortrag der Angaben derjenigen Schriftsätze beschränkte, deren vorherige schriftliche Mitteilung mittels Zustellung es für entbehrlich erachtet hatte.

Die Zustellung der vorstehend unter a β γ erwähnten Schriftsätze ist dagegen stets anzuordnen; da teils durch die Zustellung erst die rechtserzeugende Wirkung der in jenen Schriftsätzen enthaltenen Rechtsakte, wie z. B. die der Nebenintervention, eintritt, teils die erlassene Entscheidung erst durch Mitteilung des sie veranlassenden Schriftsatzes ausreichend begründet erscheint.

c) **Die Art der Zustellung** der eingereichten Schriftsätze ist gleichfalls der Entscheidung des Gerichts, ohne Rücksicht auf Wille und Antrag der Parteien, unterstellt.

Die gesetzlichen Vorschriften und, soweit solche nicht eingreifen, vernünftiges richterliches Ermessen sind daher auch hier bestimmend.

---

[1] Und mit ihm Goldmann S. 28 mit der beweislos gebliebenen Wendung: „Wir sehen hieraus, zu welchen falschen Konsequenzen ein unrichtiger Ausgangspunkt führt."

Die vorbereitenden Schriftsätze unter a α sind daher regelmäßig formlos, nur ausnahmsweise beurkundet, die Schriftsätze zu a β und a γ, letztere zusammen mit der erlassenen Entscheidung, beurkundet zuzustellen.

Unbedenklich ist auch hier die beurkundete Zustellung mittels Empfangsbekenntnis an den Anwalt einer Partei gemäß § 496 Abs. 4 statthaft.

Eine analoge Anwendung des § 497 Abs. 2 behufs Ersatz einer zu beurkundenden Zustellung erscheint schon nach der Fassung jenes Abs. 2 des § 497 unzulässig. Gl. A. anscheinend Stein A. VII zu § 497.

d) **Die Abschriften** der eingereichten Schriftsätze in der für die Zustellung erforderlichen Zahl sollen von der Partei eingereicht werden (§ 496 Abs. 2).

Ist jenes unterblieben, so hat dies nur die Folge, daß die erforderlichen Abschriften auf Kosten der Parteien von Amts wegen anzufertigen sind (§ 86 Abs. 2 d. GerKostGes.). Die nach dem Schriftsatz gebotene richterliche Maßnahme darf aus jenem Grunde nicht verzögert werden.

e) **Die Anträge und Erklärungen, die zu Protokoll des Gerichtsschreibers** abgegeben werden, stehen denen in Schriftsätzen rechtlich gleich. Als Gerichtsschreiber ist hier aber nur derjenige des Prozeßgerichts zu verstehen. Gl. A. Stein A. VII 3: Anträge und Erklärungen zu Protokoll des Gerichtsschreibers eines anderen Amtsgerichts sind daher im Sinne des § 496 Abs. 3 erst in dem Zeitpunkt „eingereicht oder angebracht", in welchem das Protokoll des auswärtigen Gerichtsschreibers dem Prozeßgericht zugeht; auch dann, wenn jener Gerichtsschreiber von dem Prozeßgericht um Entgegennahme der protokollarischen Erklärung ersucht ist.

f) **Die Mitteilung von Schriftsätzen von Partei zu Partei** ist rechtlich ein außergerichtlicher Schriftenaustausch, auch dann, wenn die Urschrift jenes Schriftsatzes zu den Gerichtsakten gelangt. Aus einem solchen Schriftsatz kann daher auch eine Maßnahme aus § 501 nicht entnommen werden. S. folg. Ziff. 7.

7. Die Anordnungen zur Aufklärung vor mündlicher Verhandlung aus § 501.

Zum Zwecke der Beschleunigung des Verfahrens und behufs Ermöglichung einer sofortigen Beweisaufnahme gestattet der § 501, vorbereitende Maßnahmen schon vor der mündlichen Verhandlung zu treffen (und zwar nicht nur vor der ersten, sondern auch vor jeder späteren Verhandlung; auch dann, wenn in einer früheren bereits ein Beweisbeschluß ergangen und ausgeführt ist. Das Ergebnis einer Beweisaufnahme insbesondere kann es angezeigt erscheinen lassen, aus § 501 Beweismittel zur Stelle zu schaffen, die aus tatsächlichen oder rechtlichen Gründen gerichts- oder parteiseitig bisher als entbehrlich erachtet worden sind).

a) **Die Entscheidung** über Vornahme einer vorbereitenden Maßnahme ist dem freien Ermessen des Amtsrichters überlassen; Abs. 4 des § 501 verpflichtet nur, die Parteien von der getroffenen Anordnung zu benachrichtigen.

b) **Die Arten der vorbereitenden Maßnahmen** sind vom Gesetz erschöpfend nicht bestimmt, der § 501 will nur Beispiele geben.

c) **Die im Gesetz ausdrücklich erwähnten Anordnungen** sind in zwei Gruppen mit verschiedenen Voraussetzungen geteilt.

α) **Die Anordnungen aus Ziffer 1—3 u. 5:**

an die Parteien Urkunden vorzulegen, auf die sie sich bezogen; Stammbäume, Pläne, Risse, Zeichnungen zu beschaffen und vorzulegen, auch wenn die Parteien auf solche sich nicht bezogen, die aber nach dem Sachvortrage erforderlich erscheinen;

an öffentliche Behörden und Beamte Urkunden und amtliche Auskünfte mitzuteilen;

an die Parteien, persönlich zu erscheinen;

sind ohne weitere Voraussetzung erlaßbar.

Unbedenklich könnte daher der Amtsrichter auf die eingereichte Klage hin schon eine jener Anordnungen treffen; wie aber auch Stein A. II zu § 501 zutreffend hervorhebt, wird nur das Vorliegen einer eingereichten Klage, die eine Beantwortung noch nicht gefunden, Anlaß zu einer jener Maßnahmen nur dann bieten, wenn die der Klagerhebung vorausgegangenen, dem Gerichte (namentlich also oft dem Einzelrichter) gerichtsnotorischen Ereignisse, wie das Bestreiten der unehelichen Vaterschaft in den Vormundschaftsakten, das Streitigwerden des anhängig gewordenen Rechtsstreits klar ergeben; einen ferneren Ausnahmefall s. nachfolgend unter d α.

β) **Die Anordnungen aus Ziffer 4 u. 6:**

auf Ladung von Zeugen, auf welche eine Partei sich bezogen, von Sachverständigen (Ziff. 4);

auf Einnahme des Augenscheins und Sachverständigen-Begutachtung (Ziff. 6)

haben zur Voraussetzung, daß auf die Klage ein Schriftsatz eingegangen ist, in dem der Beklagte dem Klagantrag widersprochen hat.

Die Zeugen und Sachverständigen sind in diesem Falle vor der ersten Verhandlung zwar ladbar, nicht aber schon vernehmbar.

Die richterliche Augenscheineinnahme und die schriftliche Begutachtung [1] können dagegen schon vor dem ersten Verhandlungstermin vorgenommen werden.

d) **Die Beweispunkte** der einzelnen vorbezeichneten Anordnungen können betreffen:

α) die **formellen,** von Amts wegen zu berücksichtigenden Sachmomente, wie z. B. die Legitimation des Parteivertreters, die Prozeßfähigkeit der Parteien.

In einem solchen Falle wird allerdings ausnahmsweise auch eine Maßnahme aus Ziff. 4 u. 6 des § 501 schon nach dem Eingang der noch unbeantwortet gebliebenen Klage angemessen sein können.

β) die **materiellen** Sachmomente, natürlich sofern deren Feststellung rechtlich erheblich ist.

e) **Die Ausführung der Zeugen- oder Sachverständigenladung** auf Grund einer Anordnung aus § 501 muß [2] unter den Voraussetzungen der §§ 377—379 sich vollziehen; andernfalls wäre das Erscheinen des Geladenen nicht gesichert (vgl. § 380).

Die Auswahl des Sachverständigen unterliegt dem Ermessen des Gerichts; jedoch mit der Maßgabe, daß, falls nach den Schriftsätzen beide Parteien sich auf einen Sachverständigen bereits berufen haben, dieser gemäß § 404 Abs. 4 zu wählen ist. (Gl. A.: Stein A. III 4 zu § 501).

f) **Die Ausführung der Einnahme des Augenscheins** auf Grund einer Anordnung aus § 501 kann sich nur unter den allgemeinen Regeln der §§ 144 Abs. 2, 357, 371, 402 vollziehen, mithin insbesondere unter der Berechtigung der Parteien, der Beweisaufnahme beizuwohnen.

g) **Die Benutzung der durch eine vorbereitende Anordnung** bereit gestellten Beweismittel in der mündlichen Verhandlung ist **ausgeschlossen:** wenn beide Parteien oder auch nur eine im Verhandlungstermin nicht erscheint.

Indessen ist zu bemerken, daß die Kosten somit zwecklos geladener Zeugen und Sachverständigen gemäß § 95 derjenigen Partei zur Last gelegt werden können, die eine Verlegung dieser Beweisaufnahme veranlaßt, vorausgesetzt natürlich, daß diese in einem ferneren Termin erfolgt; [3] denn:

---

[1] Unbedenklich nach § 501 zulässig und umfangreiche Beweisaufnahmen ersparend ist auch eine Anordnung auf Einreichung photographischer Aufnahmen streitiger Örtlichkeiten.

[2] Gl. A.: Stein A. III 4 zu § 501.

[3] S. auch Frohmuth, Jur. Woch. 10 S. 273.

statthaft wird die Benutzung der bereitgestellten Beweismittel nur, wenn die Parteien — von der Augenscheineinnahme abgesehen, die gemäß § 144 auch von Amts wegen vornehmbar — auf jene noch in der mündlichen Verhandlung Bezug nehmen, das Verhandlungsergebnis die Vornahme der vorbereiteten Beweisaufnahme noch erfordert, und die letztere deshalb vom Gericht beschlossen wird.

Die Begründung und der Kommissionsbericht (Materialien S. 19 u. 127) sprechen davon, daß der Benutzung jener Beweismittel der Erlaß eines Beweisbeschlusses vorauszugehen hat; allein schon die Fassung der Begründung:

„Die Aufnahme des Beweises hat, abgesehen von dem Falle des Abs. 1 Nr. 6, immer erst dann zu erfolgen, wenn sie auf Grund der Verhandlung durch Beweisbeschluß angeordnet worden ist"

zeigt, daß ein förmlicher Beweisbeschluß im Sinne der §§ 358, 359 ZPO. hier nicht gemeint sein kann; ein solcher hat zur Voraussetzung, daß eine im Verhandlungstermin erforderlich gewordene Beweisaufnahme „in einem anderen Termin" zu erfolgen hat (vgl. RGE. X, 371).

Die Vornahme der vorbereiteten Beweisaufnahme erfordert daher nur den einfachen Beschluß jene Beweisaufnahme zu erheben.[1]

h) **Eine Gebühr** für die Anordnungen aus § 501 entsteht nur dann, wenn die Einnahme des Augenscheins und eine Sachverständigenbegutachtung (aus Ziff. 6) vor der mündlichen Verhandlung erfolgt ist (§ 22a GKostGes.)

Die Gebühren der Zeugen und Sachverständigen, die aus § 501 geladen aber endgiltig unvernommen bleiben, z. B. weil die Parteien auf jene Beweismittel verzichten, fallen gemäß § 91 der unterliegenden Partei zur Last. (Eine Ausnahme s. vorst. unter g).

i) **Eine Aufhebung einer aus § 501 getroffenen Maßnahme** ist zu verfügen, sobald seitens einer Partei auf das von ihr bezeichnete Beweismittel, dessen Bereitstellung angeordnet ist, verzichtet wird.

Paragraph 4.

Die mündliche Verhandlung und das Urteil.

1.

Der Verlauf der Verhandlung im allgemeinen.

Auch der Amtsgerichtsprozeß untersteht dem Mündlichkeitsprinzip, das nur bestimmte Ausnahmen erleidet, die als solche an der Hand der Entstehungsgeschichte zu interpretieren sind.

[1] Gl. A.: Stein A. V § 501; Frohmuth, a. a. O. S. 273.

Der § 137 bedingt deshalb die Regel: die Verhandlung beginnt mit der Stellung der Anträge; an diese haben sich dann die Vorträge der Parteien anzuschließen, die in freier Rede zu halten sind (vgl. S. 3).

In der Literatur wird dies insbesondere von Stein, A. I 1 zu § 502, und von Goldmann, S. 41, nicht angenommen.

Aus der Neufassung des § 502:

„In der mündlichen Verhandlung hat das Gericht das Sach- und Streitverhältnis mit den Parteien zu erörtern und dahin zu wirken, daß die Parteien über alle erhebliche Tatsachen sich vollständig erklären und die sachdienlichen Anträge stellen.

Eine Bezugnahme auf Schriftstücke ist zulässig, soweit keine der Parteien widerspricht und das Gericht sie für angemessen hält."

wird vielmehr gefolgert:

Die richterliche Erörterung des Sach- und Streitverhältnisses mit den Parteien habe — beim Mangel eines Widerspruchs — von vornherein an die Stelle der Parteivorträge zu treten, und soweit die Erörterung den Inhalt der Schriftsätze nicht erschöpft, sei eine Bezugnahme auf diese zulässig; und zwar ergebe sich dies aus dem Abs. 2 des vorstehend aufgeführten § 502.

Diese Auffassung wird durch die Entstehungsgeschichte des § 502, wie sie die Begründung, der Kommissionsbericht und die zweite Beratung des Entwurfs im Reichstag darlegen, nicht gestützt; vor allem aber steht jene Ansicht, soweit sie sich auf Abs. 2 des § 502 gründet, im Widerspruch mit dem Begriff des „Schriftstücks", wie er im § 137 — dessen Abs. 3 der § 502 für den Amtsgerichtsprozeß geändert — ganz allgemein in den Motiven zum alten § 128 ZPO. Mat. II S. 213, 214 klargelegt ist.

Nach der Begründung (Materialien S. 19) verfolgt zuvörderst der Abs. 1 des § 502 mit den neueingefügten Worten: „das Sach- und Streitverhältnis mit den Parteien zu erörtern" lediglich den Zweck:

„den Richter ausdrücklich darauf hinzuweisen, daß er eine Partei, die ihre Rechte durch einen erschöpfenden Vortrag des Sachverhalts nicht genügend wahrzunehmen vermag, zu diesem Zweck, unbeschadet des § 157 ZPO., in geeigneter Weise zu unterstützen hat."

Kein Wort steht also in der Begründung davon, daß die „Vorträge des Sachverhalts" durch eine richterliche Erörterung einfach zu ersetzen sind.

Der Abs. 2 des § 502 aber, den erst die Kommission dem Entwurf hinzugefügt, will, wie der Komm.-Ber. (Materialien S. 127) und die zweite Reichstagsberatung (Materialien S. 207) zeigen:

„nur das vielfach geübte Verfahren legalisieren, die Bezugnahme auf Schriftstücke, die den Parteien bekannt seien und deren Vortrag ein reiner Formalismus sein würde!! zu gestatten."

Es ist klar, daß der Vortrag des Inhalts der Schriftsätze, der noch jetzt im landgerichtlichen Prozeß geboten, im amtsgerichtlichen Prozeß nicht ohne weiteres als „ein reiner Formalismus" vom Gesetzgeber betrachtet werden kann.

Vor allem aber zeigen die Motive zum alten § 128 ZPO. Mat. II S. 213, 214, daß die ZPO. mit dem Worte „Schriftstücke" nur alle Urkunden im allgemeinen bezeichnet, demgegenüber aber, als eine Individualkategorie der Urkunden, die Schriftsätze hervorhebt; denn in scharfer Gegenüberstellung untersagt der Gesetzgeber „das Ablesen der Schriftsätze" und stellt demgegenüber (jetzt nur noch) für den landgerichtlichen Prozeß „die Bezugnahme auf Schriftstücke".

Hieraus ergibt sich:

α) **Die Regel** der mündlichen Verhandlung bilden auch im Amtsgerichtsprozeß die Stellung der Anträge und hierauf die Sachvorträge der Parteien.[1]

Und diese Regel wird insbesondere dort zu befolgen sein, wo es angemessen erscheint, die nach den Schriftsätzen unstreitigen Tatsachen, durch ein Geständnis im Sinne des § 288 und mit den Rechtsfolgen der §§ 289, 290 festzustellen. Denn die von dem Amtsrichter aus den Schriftsätzen nach § 502 vorgenommene Erörterung von Tatsachen, auch wenn ihr nicht sofort widersprochen ist, bewirkt noch nicht ein „Geständnis" im Sinne des § 289.

Die Bedeutung eines solchen für die prompte Prozeßabwicklung aber dürfte aus der wohl allgemein bekannten Tatsache erhellen, daß hervortretende rechtliche Relevanz sehr oft Anlaß bietet, bisher unstreitige Tatsachen zu bestreiten.

Soweit die Parteivorträge den Sachverhalt nicht erschöpfen, hat eine ergänzende amtsrichterliche Erörterung einzugreifen.

β) **Eine Ausnahme von der Regel zu** α, — und es mag zugegeben werden, daß diese für einzelne sehr stark beschäftigte Amtsgerichte sehr oft eintreten muß, — dagegen bildet es, wenn mit zweifelfreier (§ 295) Zustimmung aller Prozeßbeteiligten nach den Partei-

[1] Gl. A. anscheinend: Delius A. 1 § 502; Korn, A. § 502.

anträgen an die Stelle der Sachvorträge nur die amtsrichterliche Erörterung des Sach- und Streitverhältnisses tritt.

γ) **Eine Abweichung von der Regel** zu α — in erster Linie ex lege und in zweiter Linie sub consensu partium — begründet der Abs. 2 des § 502 nur für die Schriftstücke, deren Verlesung, da sie den Parteien bekannt, einen reinen Formalismus enthielte.

Diese brauchen regelmäßig nicht verlesen zu werden, können in der Regel vielmehr nur in Bezug genommen werden.

Die Verlesung hat nur dann zu erfolgen, wenn das Gericht sie angeordnet hat oder eine Partei der einfachen Bezugnahme auf jene Schriftstücke widerspricht.

Die Schriftsätze gehören zu den „Schriftstücken" des § 502 Abs. 2 nicht; zu diesen zählen vielmehr Urkunden, wie die in §§ 415, 416, 417 erwähnten und insbesondere die Beweisaufnahmeprotokolle.

δ) **Dem Amtsrichter liegt endlich neben der Erörterungspflicht** des Sach- und Streitverhältnisses ob, darauf hinzuwirken, daß die Parteien über alle erheblichen Tatsachen sich vollständig erklären, und die sachdienlichen Anträge stellen.

Dem Amtsrichter ist aber damit nicht die Berechtigung erteilt, die Parteien zu Erklärungen, die sie nicht abgeben wollen, zu veranlassen, wie die Begründung (Materialien S. 19) ausdrücklich hervorhebt.

2.

Die Abweichungen vom landgerichtlichen Verfahren betreffen:

a) **Die prozeßhindernden Einreden.**

Regelmäßig können prozeßhindernde Einreden im amtsgerichtlichen Verfahren in Abweichung von § 274 einzeln und nach Beginn der Verhandlung zur Hauptsache noch geltend gemacht werden (wie schon vor der Novelle vom 1. Juni 1909).

Ausnahmsweise sind — wie bisher — die Einreden der sachlichen und örtlichen Unzuständigkeit, und nunmehr auch die Einrede, daß die Entscheidung des Rechtsstreits durch Schiedsrichter zu erfolgen habe, vor der Verhandlung zur Hauptsache geltend zu machen. Unter den Voraussetzungen des § 274 Abs. 3 sind die gedachten drei Einreden noch nach Verhandlungsbeginn erhebbar (§ 504).

Auf die sachliche Unzuständigkeit ist der Beklagte gerichtsseitig aufmerksam zu machen; ist dies aber auch unterblieben, so gilt trotzdem die Zuständigkeit des angerufenen Prozeßgerichts als stillschweigend vereinbart.

Die Erhebung der prozeßhindernden Einrede berechtigt den Beklagten aber nicht, die Verhandlung zur Hauptsache zu verweigern, gewährt jedoch dem Gericht die Ermächtigung, über die Einrede abgesondert zu verhandeln und durch Zwischenurteil aus §§ 275 und 303 zu entscheiden § 504 Abs. 3.

Besondere,[1] zum Teil neue Vorschriften enthält die Novelle in den §§ 505, 506 über:

b) **Die Einreden der örtlichen und sachlichen Unzuständigkeit insbesondere** (§ 505).

α) **Die Voraussetzungen der Einreden** sind:

Das Amtsgericht muß örtlich oder von vornherein sachlich unzuständig sein — also nicht erst infolge Erweiterung des Klagantrags, Widerklagerhebung oder Inzidentfeststellungsantrags sachlich unzuständig werden (über diesen Fall s. nachfolgend unter c).

Der Kläger — nicht auch der Beklagte — kann den Antrag auf Unzuständigkeitserklärung und Verweisung stellen.

Die Möglichkeit muß sogleich vorliegen, das zuständige Amtsgericht zu bestimmen, sofern an dieses der Rechtsstreit verwiesen werden soll.

Eine Vertagung zwecks demnächstiger Ermittelung des zuständigen Amtsgerichts ist schon nach der Fassung des Abs. 1 des § 505 ausgeschlossen.

β) **Die Folgen der erhobenen Einreden** sind: Es hat ein **Beschluß** dahin zu ergehen: das Amtsgericht spricht seine Unzuständigkeit aus und verweist den Rechtsstreit an das zuständige Gericht.

Der Rechtsstreit gilt mit der Verkündung des Beschlusses — der das von ihm als zuständig bezeichnete Gericht unanfechtbar bindet — als bei dem letztgedachten Gericht anhängig.

Die durch die Anrufung des unzuständigen Amtsgerichts entstandenen Mehrkosten sind dem Kläger, auch wenn er in der Hauptsache obsiegt, in der Entscheidung über diese aufzuerlegen.

Ein Urteil auf Abweisung der Klage wegen örtlicher oder sachlicher Unzuständigkeit ist zu erlassen, sofern:

der Kläger unterläßt, den Antrag auf Verweisung des Rechtsstreits an das zuständige Gericht zu stellen; ferner wenn:

das zuständige Gericht, an welches der Rechtsstreit zu verweisen ist, nicht sofort bestimmt werden kann; endlich:

[1] Über den Unterschied zwischen dem neuen und dem früheren Verfahren vor der Novelle v. 1. Juni 1909 vgl. Samter, Die Änderungen A. 1—2 zu § 505.

in dem Falle, wo ein Amtsgericht oder Landgericht (vgl. §§ 24, 771 ZPO, § 70 Abs. 2, 3 GVG.) ausschließlich zuständig ist; in diesem Falle greifen die Bestimmungen der §§ 38, 40 Abs. 2 ein, welche die Novelle nicht geändert hat. A. M.: Stein A. II § 505, und Andere, die auch in diesem Falle die Verweisung des Rechtsstreits an das — ausschließlich — zuständige Gericht auf Antrag des Klägers für zulässig erachten (s. hiergegen Busch Zeitschr. II 195 und Gruchot Bd. 21 S. 588).

γ) **In der Praxis** ist die Ansicht vertreten worden, daß bei Anrufung eines unzuständigen Amtsgerichts — dessen Zuständigkeit aber prorogierbar — der erschienene Kläger bei Säumnis des Beklagten den Antrag auf Verweisung des Rechtsstreits aus § 505 an das zuständige Amtsgericht stellen darf, um sodann bei letzterem den Erlaß des Versäumnisurteils zu beantragen.

Diese Ansicht ist unvereinbar mit dem Begriff der „stillschweigenden Vereinbarung" im Sinne des § 39 und mit dem Begriff der sog. Kontumazfiktion des § 331. In Übereinstimmung mit den Motiven (Mat. II S. 162) hat das Reichsgericht bereits in den Entscheidungen I, 438 und II, 409 dargelegt: das Nichterscheinen des Beklagten rechtfertigt nur die Annahme, daß er hierdurch habe zu erkennen geben wollen, daß er eine stillschweigende Vereinbarung über den Gerichtsstand nicht habe treffen wollen, vielmehr dem Richter habe überlassen wollen, von Amts wegen die Zuständigkeit nach dem Gesetz zu prüfen.

In dem vorgedachten Falle ist § 505 unanwendbar und der Antrag aus § 331 gemäß § 335 Ziff. 1 zurückzuweisen.

δ) **Eine Verweisung an ein zuständiges besonderes Gericht,** also vor allem an das Gewerbegericht oder das Kaufmannsgericht, ist unzulässig.

Das letztere war bereits vor der Novelle vom 1. Juni 1909 streitig (Gruchot 35, S. 744). Wenn nunmehr die Begründung (Materialien S. 21) ausdrücklich hervorhebt:

„Die Amtsgerichte sind also nicht in der Lage, einen Rechtsstreit durch Beschluß an ein Gewerbe- oder Kaufmannsgericht zu verweisen, vielmehr haben sie, wenn sie die Zuständigkeit eines solchen Gerichts für gegeben erachten, ihre Unzuständigkeit wie bisher durch Urteil auszusprechen;"

und wenn man hierzu noch die Bestimmungen des § 12 GVG., § 1 ZPO. nimmt, so ist klar, daß die vorstehende Kontroverse von dem Gesetzgeber in verneinendem Sinne entschieden ist.

(In dem Verfahren vor den Gewerbegerichten ist dagegen § 505 entsprechend anwendbar Wilhelmi-Bewer, GewGG. A. 2 § 28).

Gl. A.: Struckmann-Koch A. 1 § 505; Sydow-Busch A. 4 § 505. A. M. ohne ausreichende Begründung: Stein A. VI zu § 505.

c) **Die Einrede der sachlichen Unzuständigkeit nach „Widerklage oder Erweiterung des Klagantrags (§ 268 Nr. 2 u. 3), oder Antrag auf Feststellung eines Rechtsverhältnisses in Gemäßheit des § 280, für welches das Landgericht zuständig", ist im § 506 der soeben unter b besprochenen Einrede „entsprechend" geregelt.**

α) **Die Voraussetzungen jener Einrede sind:**

αα) **Das durch die Klage angerufene Amtsgericht ist sachlich zuständig,** wird nur nachträglich sachlich unzuständig durch:

a) Die Erhebung einer Widerklage im Sinne des § 506; eine solche liegt in der Stellung eines Antrags aus §§ 302 Abs. 4, 600 Abs. 2, 717 Abs. 2 nicht; dieser Antrag ist ein außerordentlicher Rechtsbehelf zur schnellen Beseitigung der Härten der vorläufigen Urteilsvollstreckbarkeit. Gl. A.: Stein A. I 1 zu § 506.

Eine nur eventuelle Erhebung einer Widerklage — also eine nur für den Fall, daß dem Prinzipalantrag des Beklagten auf Klagabweisung nicht stattgegeben wird —, bedingt erhobene Widerklage ist auch hier rechtlich bedeutungslos (vgl. RGE. 40 S. 331).

b) Die Vornahme einer Klagerweiterung im Sinne des § 506; eine solche ist in der Stellung eines Antrags auf Verurteilung zur Zahlung einer Entschädigung aus § 510b nicht zu finden. Dieser Antrag enthält vielmehr die Geltendmachung eines bedingt alternativen Klaganspruchs. (Das Nähere s. S. 36.)

c) Die Stellung eines Inzidentfeststellungsantrags: ein solcher kann an sich vor dem Amtsgericht, als erster Instanz, unbegrenzt durch Klagerweiterung oder Widerklagantrag, erhoben werden, wie sich arg. e cont. aus § 529 Abs. 2 ergibt.

ββ) **Eine der Parteien** — (anders in dem vorerwähnten Falle des § 505, wo der Beklagte zwar den Einwand der Unzuständigkeit erheben aber nur der Kläger den Verweisungsantrag stellen kann) — „hat vor weiterer Verhandlung zur Hauptsache" den Verweisungsantrag an das Landgericht zu stellen.

Die prozessuale Prüfung des Amtsgerichts beschränkt sich hier lediglich auf die Wertsfeststellung des die amtsgerichtliche Zuständigkeit beseitigenden Streitgegenstands der Klagerweiterung, der Widerklage und des Inzidentfeststellungsantrags (im Falle der Klagerweiterung in Verbindung mit dem bisherigen Streitgegenstand).

Die Prüfung der prozessualen Zulässigkeit der Klagerweiterung, der Widerklage oder des Inzidentfeststellungsantrags steht dem Amtsgericht nicht zu.

Mit dieser Prüfung würde das Amtsgericht — wiewohl sachlich unzuständig — (vgl. folgend unter δ) über einen Prozeßanspruch, wenn auch nur nach prozeßformeller Seite hin, entscheiden. So schon bisher Blätt. f. Rechtspfl. 10 S. 19; A. M.: Stein A. I 1 § 506.

β) **Die Folgen der erhobenen Einrede** sind auch hier: Es hat ein **Beschluß** dahin zu ergehen: das Amtsgericht spricht seine Unzuständigkeit aus und verweist den Rechtsstreit an das übergeordnete Landgericht. Ein:

Urteil auf Klagabweisung wegen Unzuständigkeitserklärung hat aber zu ergehen:

sofern der vorgedachte Antrag nicht gestellt wird,

sofern für die Entscheidung des durch Klagerweiterung oder Widerklage erhobenen Anspruchs das Landgericht nach §§ 23, 70 GerVerfGes. ausschließlich zuständig ist (vorstehend b β S. 23). A. M. auch hier: Stein A. I 2 § 506 und die Mehrzahl der Schriftsteller, die auch hier eine Verweisung an das Landgericht für zulässig erachten.

In diesem Falle ist aber eine Verweisung unzulässig, vielmehr hat (und zwar sogar von Amts wegen, auch wenn der Einwand sachlicher Unzuständigkeit gemäß § 504[1] nicht erhoben wird) die Abweisung der Klage durch Urteil zu erfolgen (vgl. die Ausführung S. 24).

γ) **Die Unzuständigkeitserklärung hat nach Maßgabe des § 506 in Verbindung mit § 505** zu erfolgen, sofern das Amtsgericht nicht nur sachlich, sondern auch örtlich unzuständig ist, eine Verweisung des Rechtsstreits mithin nicht an das übergeordnete, sondern an ein anderes Landgericht auszusprechen ist. In diesem Fall erfordert die Verweisung mithin einen Antrag des Klägers gemäß § 505, und das Vorliegen der übrigen Voraussetzungen des § 505 (vorstehend unter S. 23 b).

δ) **Die Zurückweisung des Antrags auf Unzuständigkeitserklärung** hat zu erfolgen, sofern das Amtsgericht seine Zuständig-

[1] Eine konstruktionell weder begründete noch begründbare Ansicht vertreten hier Reincke-Wien, Stein, A. § 506, die „in Fällen, wo eine Provogation unstatthaft ist (§ 40)", zwar auch eine Verweisung durch Beschluß als zulässig erachten, aber annehmen, daß „der Verweisungsantrag auch noch nach Eintritt in die Verhandlung des ausgedehnten Rechtsstreits zulässig ist".

keit zur Entscheidung des Rechtsstreits der Klagerweiterung, der Widerklagerhebung des Inzidentfeststellungsantrags ungeachtet bejaht.

Diese Entscheidung kann durch Zwischenurteil aus § 303, oder, sofern der Beklagte mit jenem Antrag den Einwand der Unzuständigkeit erhoben, durch Zwischenurteil aus §§ 275 Abs. 2, 504 Abs. 3, oder auch nur in den Gründen des Endurteils getroffen werden.

d) **Die Vorschriften über Erklärungen und protokollarische Feststellungen.**

Wie vor, so bestehen auch nach der Novelle vom 1. Juni 1909, — deren § 510 dem alten § 507, und deren § 510a dem alten § 509 vollständig entsprechen — im amtsgerichtlichen Verfahren folgende Abweichungen von dem landgerichtlichen Verfahren:

α) **Der Gegner des Urkundenbeweisführers** ist seitens des Amtsgerichts zu einer Erklärung über die Echtheit einer Urkunde aufzufordern; nur wenn dies geschehen, gilt eine Urkunde wegen unterbliebener Erklärung als anerkannt — § 509 abweichend von § 439 Abs. 3.

β) **Protokollarische Feststellungen sind unbedingt zu treffen:**

über Anträge; eine Verlesung derselben ist nicht erforderlich, ebensowenig ist — wie der neue § 297 Abs. 4 für das nichtamtsgerichtliche Verfahren vorschreibt — an Stelle der Verlesung eine ausdrückliche Bezugnahme auf die die Anträge enthaltenden Schriftsätze erforderlich;

über Erklärungen über Annahme oder Zurückschiebung zugeschobener Eide.

Die letzterwähnten Feststellungen können aber durch Bezugnahme auf den Inhalt eines vorbereitenden Schriftsatzes ersetzt werden.

Richterlichem Ermessen unterliegt die protokollarische Feststellung aller übrigen Erklärungen (§ 510a).

Zu den Worten des § 510a: sonstige Erklärungen einer Partei sind insoweit festzustellen, „als das Gericht bei dem Schlusse der mündlichen Verhandlung die Feststellung für angemessen erachtet", ist aber der Hinweis aus der Begründung zur Novelle vom 17. Mai 1898 fortan besonders beachtenswert.

Aus jenem Hinweis folgt — vgl. Samter, Die Änderungen A. 3 § 510a —, daß Erklärungen der Parteien, deren protokollarische Feststellung angemessen erscheint, schon nach Schluß der Verhandlung zu protokollieren sind, in der jene abgegeben sind, nicht also bis zum Schlusse derjenigen Verhandlung zu verschieben sind, auf die ein Urteil oder ein Beweisbeschluß verkündet wird. Denn die Vorschrift soll insbesondere im Falle eines Richterwechsels dem neuen Richter

Wesentliches früherer Verhandlungen beurkundet bekannt geben, und dies erscheint nach Erweiterung der Zuständigkeit des Amtsgerichts im § 23 des GVG. notwendiger als bisher.

e) **Das amtsgerichtliche Beweisverfahren:**

Dieses ist durch den (bereits S. 16—19 besprochenen) § 501 in Verbindung mit § 509 zwei besonderen Vorschriften unterstellt.

α) **Beschließt das Gericht eine Beweiserhebung**, so soll die Aufnahme des Beweises, soweit dies tunlich ist, sofort erfolgen (Abs. 1 § 509). Insbesondere sollen Zeugen und Sachverständige, falls sie zur Stelle sind oder ihre unverzügliche Gestellung möglich ist, sofort vernommen werden (Abs. 2 § 509).

Die Anwendung des Abs. 1 des § 509, der ebenso lebhafte, wie ungerechtfertigte Beunruhigung hervorgerufen, wird größeren Gerichten nur selten möglich sein. Der Kommissionsbericht (Materialien S. 128) spricht dies ausdrücklich mit den Worten aus:

„Der Abs. 1 werde für die größeren Gerichte kaum anwendbar sein, denn bei den zahlreichen an einem Tage anstehenden Terminen würden die späteren über Gebühr hinausgeschoben werden, wenn bei einem früheren Zeugen vernommen würden." Durch sofortige Vernehmung könnten Zeugen und Parteien überrascht werden.

Diese Motivstelle in Verbindung mit dem Wortlaut des § 509 ergibt somit:

Die Anwendbarkeit des § 509 hängt ab:[1]

in erster Linie von dem Hauptzweck jeder Rechtsverfolgung, der materiell richtigen Rechtsfindung in jedem Einzelfalle. Wo daher vor Leistung eines Eides vorherige Erkundigungen oder Nachfragen sachdienlich, vor Vernehmung von Zeugen und Sachverständigen noch vorherige Nachfragen förderlich sind, muß behufs Vermeidung sachwidriger Überraschungen die Anwendung des § 509 unterbleiben;

in zweiter Linie kommen hier die Geschäftsverhältnisse des einzelnen Gerichts, wie der einzelnen Gerichtssitzung in Betracht. Die Rechtzeitigkeit der Verhandlung einer ganzen Reihe von Sachen darf nicht dadurch ungebührlich verzögert werden, daß gestellte Zeugen vernommen werden.

Die Anwendung des § 509 wird aber oft möglich sein, wenn zuvor die Vorschrift des § 501 ausgeführt ist; Beweismittel nach diesem § 501 vor der Verhandlung bereit gestellt, also z. B. Zeugen

[1] Vgl. Samter, Die Änderungen A. 3 § 509.

und Sachverständige bereits gerichtsseitig geladen sind und hierauf bei Besetzung des in Betracht kommenden Sitzungstags Bedacht genommen ist.

Zu erwähnen ist, daß „zur Stelle" nicht nur die gerichtsseitig geladenen, sondern auch die von einer Partei gestellten Zeugen sind. Und ferner: „eine unverzügliche Gestellung" ist durch telephonischen Anruf ausführbar, sofern die also herbeigerufene Person in ihrer Wohnung anwesend und zum sofortigen Herbeikommen imstande ist.

Die sofortige Beweiserhebung betrifft den Urkunden-, Zeugen-, Sachverständigen- und Eidesbeweis.

Mit Recht macht Stein, A. zu § 509 darauf aufmerksam, daß dieser Paragraph gestattet, ein bedingtes Endurteil, sofern die Parteien auf das Rechtsmittel gegen dasselbe verzichten, durch Abnahme des Urteilseides sofort zu läutern.

β) **Eine Beweisaufnahme ohne förmlichen, dem § 359 entsprechenden Beweisbeschluß** ist statthaft, soweit sie Beweismittel betrifft, die gerichtsseitig auf Grund des § 501 bereitgestellt sind. Siehe S. 19.

3.

Das amtsgerichtliche Verfahren hat mit dem nichtamtsgerichtlichen gemeinsam die Vorschriften betreffend:

a) **Die Zeugenvernehmung.** Für diese gilt:

α) **Die Regel** des § 391: Jeder Zeuge ist zu beeidigen, soweit nicht ein anderes bestimmt ist.

Die Vereidigung erfolgt nur mittels **Nacheides** (§ 392).

Diese Einführung des Nacheides, dessen Abnahme gemäß § 160 Ziff. 3 erst nach Verlesung und Genehmigung der protokollarisch festgelegten Zeugenaussage vorzunehmen ist, hat zur Folge, daß nach der Eidesleistung noch abgegebene Zeugenangaben gemäß § 398 Abs. 3 stets nochmals durch Abnahme eines zweiten Eides oder durch Erfordern der Versicherung der Richtigkeit der nachträglichen Angaben unter Berufung auf den vorher geleisteten Eid zu beeiden sind.

Die wiederholte Eidesleistung oder die Abgabe der gedachten Versicherung sind selbstverständlich gemäß § 160 Ziff. 3 protokollarisch festzustellen.

Die Ausnahme unbeeidigter Vernehmung bestimmen wie bisher Ziff. 1—4 des § 393; dessen Ziff. 4 aber — an Stelle der bisherigen Vorschrift, daß unbeeidet Personen zu vernehmen sind, „welche bei dem Ausgang des Prozesses unmittelbar beteiligt sind" —

neugefaßt dahin lautet: „Personen, welche ein rechtliches Interesse daran haben, daß in dem Rechtsstreite die eine Partei obsiege.“ Der Kreis dieser Personen wird durch die Darlegung des Kommissionsberichts bestimmt: „Es sei erwünscht, daß befangene Zeugen zunächst unbeeidigt vernommen würden, und empfehle es sich, den Begriff dieser Befangenheit in Anlehnung an den im § 66 gegebenen Begriff der Nebenintervention zu bestimmen.“ (Materialien S. 121.)

Unter die Vorschriften der jetzigen Ziff. 4 fallen daher fortan die zahlreichen Handlungsreisenden und Agenten, wenn sie anläßlich eines vermittelten streitigen Geschäfts Provision erhalten; die mit Tantieme beteiligten Handlungsgehilfen (anders nach der bisherigen Ziff. 4; vgl. Gruchot 41 S. 185; Seuff. Arch. 52 Nr. 59), die Bürgen (anders früher Jur. Woch. 1897 S. 546); endlich alle sonstigen Regreßberechtigte und Regreßverpflichtete.

Neu hinzugefügt ist der Ziff. 4 § 393 durch die Novelle die Vorschrift, daß unbeeidigt der Zedent des streitigen Anspruchs zu vernehmen ist, und zwar auch derjenige, der zur Gewährleistung nicht verpflichtet ist.

Mit Recht rechnet hierher Stein A. 3 zu § 393 auch den Zedenten des Zedenten, da sonst durch Einschiebung einer Zwischenperson die Absicht des Gesetzes vereitelt werden könnte.

Selbstverständlich kann das Prozeßgericht auf Grund des letzten Absatzes des § 393 auch die Beeidigung des Zedenten als Zeugen anordnen.

β) **Die Abnahme des Zeugen(nach)eides** vollzieht sich nach der Vorschrift des § 481 wie folgt:

Der **Richter** spricht die Eideseingangsformel: „Sie schwören bei Gott dem Allmächtigen und Allwissenden“, und fügt die Eidesnorm hinzu: „daß Sie nach bestem Wissen die reine Wahrheit gesagt und nichts verschwiegen haben“; die früheren Worte: „nichts hinzugesetzt“ sind von der Novelle gestrichen.

Der **Zeuge** spricht die Eidesformel: „Ich schwöre es, so wahr mir Gott helfe!“

Die Erhebung der rechten Hand seitens des schwörenden Zeugen soll bei der Eidesleistung erfolgen, hat mithin zu geschehen, sobald der Richter die Eingangsworte: „Sie schwören“ zu sprechen beginnt bis zu dem Schlußwort des Zeugen „helfe“.

Die gleichzeitige Beeidigung mehrerer Zeugen vollzieht sich, indem der Richter den Zeugen die Eidesnorm mit der Eingangsformel vorspricht; jeder Zeuge hat hierauf die Eidesformel: Ich schwöre es, so wahr mir Gott helfe! einzeln zu sprechen; vgl. § 481 letzt. Abs. und Komm.-Ber. zu § 392. (Mater. S. 120.)

γ) **Die übrigen Vorschriften über die Zeugenvernehmung** betreffend:

die Einzelvernehmung (§ 394); die Vernehmung „zur Person" (§ 395), dann „zur Sache" (§ 396); das Fragerecht der Parteien (§ 397), der Anwälte (§ 397 Abs. 2), die wiederholte (§ 398 Abs. 1), nachträgliche (§ 398 Abs. 2) Vernehmung; die Vernehmung durch die beauftragten oder ersuchten Richter (§§ 361, 362); über Verzicht auf die Zeugenvernehmung (§ 399)

sind durch die Novelle vom 1. Juni 1909 nicht geändert.

b) **Die Sachverständigenvernehmung.** Sie regelt:

α) **zuvörderst die neue Vorschrift im Abs. 3 des § 408:** Wer bei einer richterlichen Entscheidung mitgewirkt hat, soll über Fragen, die den Gegenstand der Entscheidung gebildet haben, nicht als Sachverständiger vernommen werden.

Diese Neuvorschrift ist, wie der Komm.-Ber. (Materialien S. 122) hervorhebt, durch die Erfahrung veranlaßt, daß die Beisitzer seeamtlicher Behörden im gerichtlichen Verfahren als Sachverständige über Fragen vernommen wurden, bei deren Entscheidung sie im Verfahren über die Untersuchung von Seeunfällen mitgewirkt hatten.

Die allgemeine Fassung des Abs. 3 § 408 wünscht („soll") nunmehr, alle Beisitzer in einem vorangegangenen Verfahren vor Sonder- und Ehrengerichten aus der Tätigkeit als Sachverständige entfernt zu sehen. Eine Berufung entgegen der Vorschrift des § 408 Abs. 3 berechtigt aber weder zur Ablehnung des Gutachtens, noch die Parteien zu einer unbedingten Ablehnung des Sachverständigen.

β) **Die Beeidigung des Sachverständigen** ist (abweichend von der Zeugenvereidigung) in der Form des Vor- wie Nacheides zulässig.

Ein Unterlassen der Sachverständigenbeeidigung ist nur auf Grund eines Verzichts der Parteien darauf zulässig.

Eine entsprechende Anwendung des § 393 Ziff. 3 u. 4 gemäß § 402 auf Sachverständige ist wie vor so auch nach der Novelle vom 1. Juni 1909 ausgeschlossen (vgl. RG. 20 S. 394).

Das Vorliegen der im § 393 Ziff. 3 u. 4 aufgeführten Umstände kann Anlaß zu parteiseitiger Ablehnung des Sachverständigen gemäß § 406 oder zu gerichtsseitiger Entbindung von der Verpflichtung zur Erstattung des — nicht verweigerten — Gutachtens aus § 408 bieten.

Stein A. 2 § 410 folgert aus der Streichung des Abs. 1 des

Entwurfs zu § 410, der die Sachverständigenbeeidigung nur anordnete, wenn sie gerichtsseitig für erforderlich erachtet oder parteiseitig beantragt würde: „Der Umfang der Beeidigung sei genau so zu begrenzen, wie beim Zeugen und folgeweise gelte jetzt für den Sachverständigen neben der Ausnahme des Verzichts auch die Ausnahme des § 393."

Das Gegenteil ergibt die Entstehungsgeschichte; nach dem Komm.-Ber. (Materialien S. 122) ist bei Streichung des ursprünglichen Abs. 1 des § 410 im Entwurf hervorgehoben:

„Tatsächlich bringe der Abs. 1 nichts wesentlich Neues, denn auch nach dem geltenden Gesetze werde der Sachverständige nicht beeidet, wenn die Parteien auf den Eid verzichten, und auf den Verzicht wirke das Gericht bekanntermaßen hin."

Der Grundsatz, der auf Grund höchstrichterlicherseits bestätigter Auslegung des bisherigen § 410 durch diesen schon bisher sich ergeben, bleibt mithin auch fernerhin: Jeder vernommene Sachverständige ist zu beeiden, wenn die Parteien nicht auf seine Beeidigung verzichten.

Die Eidesleistung des Sachverständigen vollzieht sich (von der zulässigen Form des Vor- oder Nacheids abgesehen) wie die des Zeugen.

Der Richter spricht die Eingangsformel (Sie schwören bei Gott dem Allmächtigen und Allwissenden), die Eidesnorm (daß Sie das von Ihnen erforderte — nicht also mehr geforderte — Gutachten nach bestem Wissen und Gewissen erstatten werden oder erstattet haben); der Sachverständige spricht die Eidesschlußformel (Ich schwöre es, so wahr mir Gott helfe!).

Eine gleichzeitige Beeidigung mehrerer Sachverständigen ist, wie aus § 402 in Verbindung mit dem neugefaßten § 392 hervorgeht, nach Maßgabe des letzteren zulässig. (Vgl. S. 31.)

c) **Die Eidesleistung einer Partei (§ 481):**

Diese vollzieht sich wie die Leistung des Zeugen- und Sachverständigeneides.

Die Parteieidesnorm wird durch den Inhalt des Beweisbeschlusses (§§ 359 Ziff. 4, 461), den Inhalt des bedingten Urteils (§§ 462, 475), die Editionsnorm des § 426, die Offenbarungsnorm der §§ 807, 883 bestimmt.

Die Parteieidesabnahme erfolgt auch hier derart, daß der Richter die Eingangsformel (Sie schwören bei Gott dem Allmächtigen und Allwissenden), dann die Eidesnorm spricht; selbstverständlich kann diese eine der drei Fassungen des § 459, aber in der Anrede-

Fassung (daß Sie nach sorgfältiger Prüfung usw.) haben; die Partei spricht die Eidesschlußformel: „Ich schwöre es, so wahr mir Gott helfe!“ [1]

Die gleichzeitige Abnahme mehrerer Parteieide ist, wie Stein A. 2 § 481 zutreffend hervorhebt, nur bei der Abnahme eines und desselben Eides von Streitgenossen prozessual konstruierbar und statthaft.

d) **Das persönliche Erscheinen der Parteien (§ 141, § 2).**

Die Anordnung des persönlichen Erscheinens einer Partei steht ausschließlich dem Prozeßgericht zu; nicht also dem ersuchten Richter (im nichtamtsgerichtlichen Verfahren jedoch dem beauftragten Richter gemäß §§ 348, 350 Abs. 2).

Die Ladung der Partei auf Grund dieser Anordnung ist (wie auch im nichtamtsgerichtlichen Verfahren) auf Grund des § 141 Abs. 2 der Partei persönlich unter analoger Anwendung der §§ 377[1], 497 zuzustellen, auch dann, wenn die Anordnung in einer verkündeten Entscheidung enthalten ist.

Dem Prozeßbevollmächtigten der Partei ist, neben der Ladung der letzteren, eine Anordnung auf persönliches Erscheinen, wie jede andre prozeßgerichtliche Anordnung bekannt zu geben.

Hieraus folgt:

Die Verkündung jener Anordnung unter Bestimmung eines Termins macht gemäß § 218 die Zustellung der Anordnung an den Prozeßbevollmächtigten überflüssig; nur die Partei selbst ist unter Zustellung des Anordnungs-Beschlusses zu laden.

Die Verkündung jener Anordnung ohne gleichzeitige Bestimmung eines Termins erfordert die Ladung des Prozeßbevollmächtigten und die Ladung der Parteien, unter Zustellung der Anordnung an diese.

Die Nichtverkündigung jener Anordnung erfordert die Zustellung

---

[1] In der Praxis und in der Literatur (Fuhrmann, im Recht 1910 S. 376 und Seuffert, a. a. O. S. 410) sind Zweifel über die Fassung der dem § 481 entsprechenden Partei-Eidesnorm entstanden. Der — vom Richter zu sprechenden — Anredeform der Eidesformel („Sie schwören bei Gott dem Allmächtigen und Allwissenden“) entspricht sprachlich, wie logisch nur die Anredefassung der (gleichfalls vom Richter zu sprechenden) Eidesnorm („Sie haben ein Darlehn — — vom Beklagten nicht erhalten“).

Allerdings muß die Anordnung der Eidesleistung — durch Beschluß, wie durch Urteil — stilistisch in der Form ergehen: Vom Kläger (oder Beklagten) wird folgender Eid erfordert: (Sie schwören usw. Sie haben usw.).

Der Vorschlag, die Eidesnorm, wie bisher festzusetzen: „Der Kläger hat den Eid zu leisten, daß er ein Darlehn — — nicht erhalten,“ und dann bei der Eidesabnahme jene Eidesnorm in die Anredeform umzuwandeln, kann in strepitu fori, besonders bei längeren Eidessätzen, zu Irrungen Anlaß geben. Gleicher Ansicht: Fuhrmann; a. M.: Seuffert a. a. O.

der letzteren mit der Terminsbestimmung gemäß §§ 176, 329 an die Prozeßbevollmächtigten, wie an die Parteien.

Der Kommissionsbericht (Materialien S. 110) enthält die Angabe: „Einstimmig legte die Kommission unter Zustimmung eines Regierungsvertreters das Gesetz dahin aus, daß unter allen Umständen auch der Prozeßbevollmächtigte von der durch das Gericht getroffenen Anordnung zu benachrichtigen ist."

In der Literatur[1] hat diese Berichtsstelle zu der kritischen Abwehr Anlaß gegeben, daß eine „anderweite Benachrichtigung" dem Gesetz fremd sei und diese Bemerkung der Kommission eine unrichtige ist.

Der zusammenhängende ganze Bericht unter der Überschrift: Die Pflicht der Parteien vor Gericht zu erscheinen, zeigt, daß „eine anderweitige Benachrichtigung" der Prozeßbevollmächtigten neben der durch die §§ 141, 218, 176, 329 vorgeschriebenen Bekanntmachung gerichtlicher Anordnungen hier vom Gesetzgeber nicht gefordert wird. Der letztere hat in jenem Kommissionsbericht nur zum Ausdruck gebracht, daß eine Anordnung aus § 141 **unbedingt** zur Kenntnisnahme der Prozeßbevollmächtigten gelangen soll.

Ordnet daher das Amtsgericht in einer sog. Punktensache einen Termin nur zur Beweisaufnahme an, um in diesem und durch diesen das nur für das nichtamtsgerichtliche Verfahren statthafte vorbereitende Verfahren aus §§ 348—354 zu ersetzen; und erscheint es in jenem Beweistermin angezeigt, zur Aufklärung das persönliche Erscheinen der Parteien anzuordnen, so wird diese Anordnung, obwohl sie gemäß § 218 verkündet ist, doch nach der vorerwähnten legislatorischen Erklärung des Kommissionsberichts, den im Beweistermine nicht anwesenden Prozeßbevollmächtigten besonders zuzustellen sein, wenn der Beweistermin auf einen kurzen, neuen Termin oder gar nur auf eine spätere Stunde des bisherigen Termins verlegt wird (s. § 507).

Eine Verpflichtung zum Erscheinen, oder gar eine Erzwingbarkeit des letzteren wird durch eine Anordnung aus § 141 Abs. 2 nicht begründet. Der nicht erschienenen Partei können daher aus § 95 Kosten nicht auferlegt werden; dieser § 95 betrifft vielmehr nur das Nichterscheinen und Nichtvertretensein in Terminen, in denen eine Partei zum Erscheinen oder Vertretensein verpflichtet ist.[2]

---

[1] Vgl. Stein A. 2 zu § 141; Mand S. 10.

[2] A. M.: Sydow-Busch A. § 141, Struckmann und Koch, welche hier A. 5 zu § 141 ohne nähere Begründung anführen: „Wird durch unentschuldigtes Ausbleiben der Partei die Vertagung des Termins oder die Vertagung der Verhandlung nötig, so hat sie nach § 95 die dadurch verursachten Kosten zu tragen."

Der legislatorische Grund und damit die Tragweite der neuen Vorschrift des Abs. 2 § 141 ergeben sich aus der Entstehungsgeschichte.

Die Vorschrift ist, wie bereits der Komm.-Ber. (Mater. S. 110) bestätigt, nicht „einem Mißtrauen gegen die Anwälte entstanden", sondern bezweckt die prozessual ordnungsmäßige Feststellung, daß eine Anordnung aus § 141 einer Partei zugegangen ist.

Der § 141 ergänzt insoweit den § 286, als die Würdigung des Nichterscheinens einer Partei aus § 286 fortan auf der zweifelfreien Feststellung möglich ist, daß die Partei der ihr bekannt gemachten Anordnung des persönlichen Erscheinens zuwider, entblieben ist.

Allerdings bleibt — wie Mand S. 11, Stein A. II § 141 hervorheben — trotz der Vorschrift des § 141 Abs. 2 „nicht ausgeschlossen, daß der Anwalt der Partei aus Gründen prozessualer Taktik den Rat gibt, der Anordnung keine Folge zu leisten"; unzweifelhaft können sogar rein menschliche Gründe das Nichterscheinen einer Partei veranlassen.

Prozessual hat aber in solchen Fällen die objektiv ungehorsam ausgebliebene Partei damit zu rechnen, daß auf Grund des § 146 Abs. 2 und § 286 ihr Nichterscheinen aus letztgedachtem Paragraph gegen sie zur Würdigung gelangt. Der Rechtssatz volenti non fit injuria greift insoweit auch in jenem Falle ein.

4.

Die Sondervorschrift des § 510b über Verurteilung zur Vornahme einer Handlung und auf Antrag des Klägers zur Zahlung einer Entschädigung.

α) **Nur im Amtsgerichtsprozeß,** in welchem eine Verurteilung zur Vornahme einer Handlung erfolgt, wird dem Kläger durch den neuen § 510b der Antrag gestattet, auch auf Verurteilung des Beklagten zur Zahlung einer Entschädigung für den Fall, daß die Handlung nicht binnen einer im Urteil zu bestimmenden Frist vorgenommen ist.

Das Amtsgericht „kann", braucht also nicht — s. aber schon hier das Nachstehende unter *δ* — dem Antrage stattgeben; wird ihm stattgegeben, so „hat das Gericht die Entscheidung nach freiem Ermessen festzusetzen".

Die Folge nach Stattgeben des Antrags ist, daß, wie der § 888a bestimmt, der Kläger die Handlung, zu deren Vornahme der Beklagte verurteilt ist, nicht mehr gemäß §§ 887, 888 exekutiv erzwingen kann.

Die Vorschrift des § 510b, nach dem Vorbilde des § 51 des GewGerGes. geschaffen und zur Vermeidung mehrerer Prozesse zwischen denselben Parteien über denselben Sachverhalt ganz besonders geeignet, hat verschiedene Streitfragen veranlaßt. Streitig und zweifelhaft ist zuvörderst:

β) **Die rechtliche Natur des Antrags** des Klägers, zugleich den Beklagten zur Zahlung einer Entschädigung zu verurteilen, für den Fall, daß die Handlung nicht binnen einer zu bestimmenden Frist vorgenommen wird.

Stein A. II 2 nimmt an: „das Gesetz behandelt den Antrag nicht als die selbständige Erhebung eines zweiten Anspruchs, sondern als einfachen Inzidentantrag; seine prozessuale Parallele bilde der Antrag des Beklagten auf Verurteilung zum Schadenersatz bei der Aufhebung eines vorläufig vollstreckbaren oder eines Vorbehaltsurteils nach den §§ 717, 302, 600."

Diese Ausführung ist eine axiomartige, unzutreffende Vergleichung, keine rechtliche Definition des Antrags.

Schon der Umstand, daß der Antrags-Rechtsbehelf der §§ 302, 600, 717 in diesen Paragraphen nur dem Beklagten gewährt ist, daß er zur Voraussetzung ein bereits erlassenes vollstreckbares Urteil hat, zeigt, daß der Antrag des Klägers vor Erlaß eines Urteils aus § 510b dem Antrag des Beklagten in den §§ 717, 302, 600 unvergleichbar ist.

Der Antrag aus § 510b mit seiner materiellrechtlich so erheblichen Beeinflussung des Anspruchs auf Vornahme der Handlung, dem er gemäß § 888a die Exequierbarkeit nimmt, läßt sich prozeßrechtlich und materiellrechtlich nur als eine Ergänzung des Klaganspruchs und -antrags auffassen.

Die Stellung des Antrags aus § 510b bewirkt, daß mit dem Klaganspruch und -antrag auf Verurteilung zur Vornahme einer Handlung alternativ zugleich der Anspruch und Antrag auf Verurteilung zur Zahlung einer Entschädigung unter der Bedingung verbunden wird, daß die Handlung nicht binnen einer zu bestimmenden Frist vorgenommen ist.

γ) **Die rechtlichen Folgen der verschiedenen rechtlichen Beurteilung des Antrags** des Klägers aus § 510b sind:

Als Inzidentantrag betrachtet ist:

sofort mit der Klage ein Antrag mit dem Inhalt des § 510b auch im Amtsgerichtsprozeß nur unter der Voraussetzung des § 259 zulässig; ferner:

die Verurteilung zur Zahlung einer Entschädigung aus § 510b ist auch über die amtsgerichtliche Zuständigkeitsgrenze der Summe von 600 Mark hinaus zulässig (so Stein A. II 2b).

Als Klagealternativantrag betrachtet ist:

ein Antrag mit dem Inhalt des § 510b im Amtsgerichtsprozeß, bedingungslos, sofort in der Klage stellbar.

Die Verurteilung zur Zahlung einer Entschädigung ist nur bis zur Zuständigkeitsgrenze der Summe von 600 Mark zulässig.

δ) **Die Entscheidung über Stattgeben oder Ablehnen** des Antrags ist, wie bereits erwähnt, dem freien Ermessen des Amtsgerichts überlassen.

Die Ablehnung des Antrags ist in den Urteilsgründen auszusprechen. Dies ist bei der Auffassung jenes Antrags als alternativer Klagantrag zweifelfrei.

Stein A. III § 510 läßt die Ablehnung des Antrags durch Beschluß wie in den Urteilsgründen zu.

Die Ablehnung des Antrags unterliegt jedoch der Nachprüfung durch das Berufungsgericht. Bejaht dieses die Angemessenheit der Anwendung des § 510b im einzelnen Rechtsstreit, so ist dieser insoweit aus § 538 Ziff. 3 an das Amtsgericht zurückzuverweisen.

Dies ist bei der Auffassung des Antrags aus § 510b als Alternativ-Anspruch und -Klagantrag nach § 538 Ziff. 3 zweifelfrei.

Auch Stein A. III § 510b bejaht aber hier die Nachprüfbarkeit der Ablehnung eines Antrags aus § 510b durch das Berufungsgericht und insoweit die Zurückverweisbarkeit des Rechtsstreits; dies ist aber bei seiner Charakterisierung des Antrags des § 510b als Inzidentantrag ohne ausreichende Begründung.

Der Grund, der das freie Ermessen des Amtsgerichts an ein sachgemäßes bindet, und somit jede willkürliche Ablehnung des Antrags aus § 510b ausschließt, liegt in der — wie das Vorstehende schon ergibt — rechtlichen Folge der Ablehnung des Antrags. Diese nötigt den Kläger, falls die Handlung auf deren Vornahme einfach erkannt ist, unerzwingbar bleibt, eine neue auf Zahlung einer Entschädigung gerichtete Klage zu erheben, und zwar in einem neuen Verfahren.

Dies will die Vorschrift des § 510c, wie die Begründung (Materialien S. 23) zeigt, in den Fällen vermieden sehen, wo in der Verhandlung über den Antrag zur Verurteilung auf Vornahme einer Handlung schon „der Anspruch auf Schadensersatz ohne Anstellung einer neuen Klage auf dem kürzesten Wege durchzuführen ist".

Nicht ganz zweifelfrei ist hier das prozessuale Verfahren bei der Schadensfeststellung. In meinem Kommentar zur Novelle vom 1. Juni 1909 (Die Änderungen der Zivilprozeßordnung A. 3 § 510b) habe ich ausgeführt:

„Die Bestimmung einer Entschädigung, d. h. ein zu ersetzendes Interesse, nach freiem Ermessen des Gerichts festzusetzen, spricht schon § 287 Abs. 1 Satz 1 aus. Diese Vorschrift wird somit im § 510b wiederholt, aber — und das ist entscheidend — ohne Hinzufügen des Satzes 2 u. 3 des § 287 Abs. 1. Hieraus muß gefolgert werden, daß bei Anwendung des § 510b eine Beweisaufnahme über den Schadenersatz unstatthaft, auch die Auferlegung eines Schätzungseids nicht zulässig ist."

Diese Ausführung hat in der Literatur ohne nähere Begründung Widerspruch gefunden. Stein, Fußnote 4 zu § 510b; Goldmann, a. a. O. A. 1 S. 42.[1]

Es ist nicht zu verkennen, daß gegen die vorstehende Darlegung in A. 3 § 510b a. a. O. die Begründung zu sprechen scheint, die zu § 510b (Materialien S. 23) bemerkt:

„Es erscheint unpraktisch, zwingend zu bestimmen, daß auf Antrag des Klägers stets auch die für den Fall der Weigerung der Vornahme der Handlung zu zahlende Entschädigung festzusetzen ist. Denn die Feststellung des eventuellen Schadens kann auch dann, wenn sie nach freiem Ermessen des Gerichts erfolgt, umfangreiche Beweisaufnahmen erfordern, da das Gericht, um sein Ermessen ausüben zu können, sich Unterlagen verschaffen muß. In derartigen Fällen wird aber die Vorschrift nicht, wie sie bezweckt, das Verfahren verkürzen, sondern es im Gegenteil verlängern."

Es ist einleuchtend, daß hier entscheidend der Sinn ist, den man in jener Stelle mit den beiden Worten „auch dann" verbindet.

Erwägt man, daß die Novelle in Rücksicht auf die ihr notgedrungen aufgenötigte fragmentarische Form überall in ebenso sorgfältiger, wie feinsinniger Weise den organischen Zusammenhang mit dem ganzen Text der Zivilprozeßordnung wahrt, so ist nicht anzunehmen, daß die nur *teilweise* Wiedergabe des § 287 Abs. 1 S. 1 in § 510b eine unbeabsichtigte ist; in diesem Falle aber erscheint die vorstehende Darlegung in A. 3 zu § 510 meines Kommentars zutreffend.

---

[1] Außer Stein, Goldmann sind a. M. auch Struckmann-Koch, die hier A. § 510b anführen: „Die Beweisaufnahme kann vom Gericht abgelehnt werden, wenn die Festsetzung noch eine umfangreiche Beweiserhebung erfordert"; ebenso Sydow-Busch A. 1 § 510b; Delius A. 1 510b.

Sieht man aber in der vorstehenden Darlegung der Begründung lediglich eine Angabe des Grundes, aus welchem der § 510b, in Abweichung von seinem Vorbilde, dem § 51 d. GewGerGes., die Entscheidung über die Entschädigung nicht zwingend vorschreibt, so bleiben im übrigen die Voraussetzungen des § 51 a. a. O. und § 510b die gleichen und damit auch hier der Richter unbeschränkt in der Beweisaufnahme über den Entschädigungsanspruch.

Immerhin aber ist hier der leitende Gesichtspunkt für die Vorschrift des § 510b zu berücksichtigen, daß diese Vorschrift „das Verfahren zu verkürzen bezweckt".

5.

Das Urteil nach streitiger Verhandlung.

1. **Der Inhalt des Urteils** nach streitiger Verhandlung (über Anerkenntnis- und Versäumnisurteile s. 43 u. f.) wird im Amtsgerichtsprozeß, da die Novelle vom 1. Juni 1909 in den §§ 495—510c Abweichendes nicht verordnet, durch § 313 bestimmt.

„**Die gedrängte Darstellung** des Sach- und Streitstandes auf Grundlage der mündlichen Vorträge der Parteien unter Hervorhebung der gestellten Anträge (Tatbestand)" der Ziff. 3 des § 313 muß daher auch das amtsgerichtliche Urteil ferner enthalten.

Es zeigt und bestätigt sich daher auch hier, daß die amtsrichterliche Erörterung des Sach- und Streitverhältnisses mit den Parteien keineswegs die Vorträge der letzteren im Amtsgerichtsprozeß einfach beseitigen soll (vgl. S. 20).

Eine **vollständige** Bezugnahme auf die Schriftsätze an Stelle der gedrängten Darstellung ist auch fortan für das amtsgerichtliche Urteil unzulässig.

Der § 502 Abs. 2 gilt nur für die mündliche Verhandlung, und die in ihm erwähnten Schriftstücke begreifen — richtiger Ansicht nach vgl. S. 21 — nicht die Schriftsätze.

Eine **teilweise** Bezugnahme auf Schriftsätze im Tatbestand bleibt, wie bisher, nach Abs. 2 des § 313 aushilfsweise statthaft, sofern einzelne Teile der Schriftsätze bestimmt und klar bezeichnet und umgrenzt werden (RGE. 4 S. 188, 432); und ebenso bleibt die Bezugnahme auf Protokollfeststellungen einschließlich der Protokolle über Beweisverhandlungen statthaft (RGE. 55 S. 411).

Die Bezugnahme auf den Inhalt anderer Prozeßakten aber wird nunmehr im amtsgerichtlichen Urteil mittelbar durch § 502 Abs. 2 statthaft; und zwar dann, wenn jene Bezugnahme in der mündlichen Verhandlung gemäß § 502 Abs. 2 erfolgt ist, diese Bezugnahme zu einer Protokollfeststellung geführt und auf diese Feststellung (nicht auf die Akten selbst) der Urteilstatbestand Bezug nimmt. (Im nichtamtsgerichtlichen Urteilstatbestand wäre eine solche Bezugnahme unzulässig, vgl. RGE. 2 S. 405, 421; 3 S. 433; 55 S. 411; Gruchot, Beitr. 26 S. 1163.)

2. **Die Ausfertigung des sog. kontradiktorischen Urteils** im amtsgerichtlichen Prozeß hat

α) **regelmäßig** unter Weglassung des Tatbestands und der Entscheidungsgründe zu erfolgen (§ 496 Abs. 6).

Der zulässig früheste Zeitpunkt dieser Ausfertigung wird durch die auch hier eingreifende Vorschrift des Abs. 2 des § 317 festgestellt, wonach erst nach vollständiger Niederschrift des Tatbestands und der Gründe des Urteils und Unterfertigung desselben durch den Amtsrichter jene abgekürzte Urteilsausfertigung zulässig ist.[1]

In der Praxis ist dies zweifelhaft geworden; die Begründung (Materialien S. 17) spricht es aber bestimmt und unzweideutig dahin aus:

„Denn, wie aus dem auch für das amtsgerichtliche Verfahren geltenden § 317 Abs. 2 folgt, darf der Gerichtsschreiber eine Ausfertigung der Urteilsformel erst erteilen, nachdem das vollständig(!) abgefaßte Urteil vom Richter gemäß § 315 unterschrieben ist."

Und der Kommissionsbericht (Materialien S. 125) zeigt, daß ein Antrag, dem § 496 Abs. 2 hinzuzufügen: „Der § 317 Abs. 2 findet keine Anwendung", im Interesse der Sicherheit der Rechtspflege abgelehnt ist, weil:

„eine Partei in der Lage sein müsse, wenn ihr ein unter Weglassung des Tatbestands und der Entscheidungsgründe ausgefertigtes Urteil zugestellt werde, sich alsbald nach Zustellung Kenntnis von den Gründen zu verschaffen."

Ein nach Feststellung des Sitzungsprotokolls verkündetes Urteilsformular, welches selbst das volle Rubrum, die Urteilsformel mit der Unterschrift des Amtsrichters und Protokollführers enthält, ist kein „vollständig abgefaßtes Urteil" und kann daher erst gemäß § 496 Abs. 6 ausgefertigt werden, nachdem Tatbestand und Gründe und unter diesen die richterliche Unterschrift hinzugesetzt sind.

Die verkürzte Urteilsausfertigung steht im übrigen der vollständigen gleich.

[1] Gl. Ans.: Stein A. VIII § 496; Struckmann-Koch A. 7 § 496, ich hatte dies bereits in A. 9 § 496 der Änderungen der ZPO. ausgeführt.

Die Zustellung jener Ausfertigung bewirkt den Beginn der Berufungs-, Einspruchs- und Beschwerdefrist (§§ 516, 339, 99) und erwirkt die Zulässigkeit des Zwangsvollstreckungsbeginns (§ 750) (Materialien S. 17).

β) **Ausnahmsweise** nur ist auf ausdrücklichen Antrag einer Partei im amtsgerichtlichen Verfahren eine vollständige Urteilsausfertigung zu erteilen.

Die Mehrkosten einer vollständigen Urteilsausfertigung, selbst neben oder nach einer verkürzten Ausfertigung, sind nach § 91 stets erstattungsfähig.

Auch dann, wenn die Erteilung jener beiden Ausfertigungen die obsiegende Partei beantragt; auch die letztere muß zur Weiterverfolgung des Urteilsanspruchs seine Begründung kennen und hat andrerseits ein berechtigtes Interesse, durch schnelle Zustellung der verkürzten Urteilsausfertigung den Eintritt der Rechtskraft des gesprochenen Urteils zweckmäßig zu beschleunigen.[1]

Paragraph 5.

Das Versäumnis- und Einspruchsverfahren.

A.

Das Versäumnisverfahren.

Im Amtsgerichtsprozeß ist durch die Novelle vom 1. Juni 1909 mit ihrer Einführung des Amtsbetriebs das Versäumnisverfahren teils beeinflußt, teils geändert worden.

a) **Unverändert,** wie in dem Versäumnisverfahren im nichtamtsgerichtlichen Prozesse ist es dabei verblieben:

α) Die **Totalversäumnis** einer Partei ist die Voraussetzung jenes Verfahrens. Die Teilversäumnis zieht immer nur die für diese festgesetzten prozessualen Folgen nach sich, wie sie die §§ 138 Abs. 2, 230, 427, 439 Abs. 3 in Verbindung mit §§ 510, 452, 465, 472 enthalten.

β) **Die Versäumnis im Zwischenstreitverfahren,** also die Versäumnis eines Termins, der lediglich zur Verhandlung über einen Zwischenstreit unter den Parteien bestimmt war, erwirkt und be-

[1] Stein bemerkt hier A. VIII § 496: erstattungsfähig seien die Mehrkosten der vollständigen Ausfertigung „mindestens dann, wenn sie von der unterliegenden Partei beantragt wird".

grenzt das Versäumnisverfahren nur rücksichtlich der Erledigung des Zwischenstreits.

Ist diese Versäumnisurteilsentscheidung von kausaler Bedeutung für die Entscheidung in der Hauptsache, so kann diese erst nach Rechtskraft des Versäumniszwischenurteils ergehen (§ 347 Abs. 2).

Die Zustellung des Versäumniszwischenurteils ist zwar im Amtsgerichtsprozesse gemäß § 317 dem Parteibetrieb überlassen. Die ex lege vermutete Zustellungsbevollmächtigung des Gerichtsschreibers aus § 508 (vgl. auch S. 5) greift aber auch hier ein.

γ) **Die Abweisung einer Widerklage** eines säumigen Beklagten durch Versäumnisurteil bleibt wie bisher nur dann möglich, wenn sie in einem früheren Verhandlungstermin erhoben ist (§ 281).

δ) **Die Verurteilung des säumigen Klägers auf eine Widerklage** durch Versäumnisurteil erfordert, wie bisher, nur, daß die Widerklage gemäß § 335 Ziff. 3 „rechtzeitig mittels Schriftsatzes mitgeteilt war".

Ist letzteres geschehen, so kann der Beklagte im ersten Termin gegen den säumigen Kläger mit dem Antrage auf Klagabweisung den Widerklagantrag stellen und zugleich Verurteilung des Klägers nach diesem Antrag durch Versäumnisurteil beantragen.

Die Mitteilung des die Widerklage enthaltenden Schriftsatzes (eine Ausnahme von § 129 Abs. 2 vgl. Foerster, A. 3c zu § 300 alte Fass.; Freudenthal, A. 13 zu § 335) muß hier gemäß § 496 Abs. 2 (vgl. S. 14 Ziff. 6) erfolgt sein.

Die Rechtzeitigkeit der Mitteilung des Widerklagschriftsatzes liegt hier, im Amtsgerichtsprozeß, für den § 132 nicht gilt, vor, sobald jene Mitteilung innerhalb der Einlassungsfrist des § 499 geschehen ist.

b) **Geändert bzw. beeinflußt ist infolge des Amtsbetriebs das amtsgerichtliche Versäumnisverfahren wie folgt:**

α) **Die Regel,** daß eine ladende Partei als selbst rechtsgültig geladen gilt, ist mit der Ersetzung des Parteibetriebs durch den Amtsbetrieb fortgefallen. Der Beklagte, wie der Kläger werden gemäß §§ 496, 497 von Amts wegen zu den Terminen geladen. Daher ist:

$\alpha\alpha$) **Der säumige Kläger** durch Versäumnisurteil mit der Klage gemäß § 330 nur dann abweisbar, wenn seine rechtzeitige und rechtsgültige Ladung erfolgt ist (insbesondere also die Einlassungsfristen des § 499 bzw. die Ladungsfrist des § 217 gewahrt sind).

Der Ladungsnachweis ist auch hier durch den Aktenvermerk der Terminsmitteilung aus § 497 Abs. 2 oder durch das schriftliche Empfangsbekenntnis des klägerischen Anwalts gemäß § 496 Abs. 4 führbar (vgl. S. 7).

$\beta\beta$) **Der säumige Beklagte** ist durch Versäumnisurteil nur dann nach dem Klagantrag oder dem Klagergänzungsantrag zu verurteilen, wenn nicht nur seine Ladung zum Termin, sondern auch die einlassungsfristgemäße (§ 499) Zustellung der Klage wie der Klagergänzung gemäß § 497 bzw. seine fristgemäße Ladung (§ 217) erfolgt ist.

β) **Die der Erlassung eines Versäumnisurteils hinderlichen Reate des § 335 veranlassen eine Vertagung und Ladung der säumigen Partei von Amts wegen (§§ 496, 497):**

$\alpha\alpha$) **einmal:** wenn die erschienene Partei den Erlaß des Versäumnisurteils beantragt und nach Zurückweisung des Antrags aus § 335 selbst die Vertagung beantragt.

$\beta\beta$) **ferner:** wenn die erschienene Partei den Antrag auf Erlaß des Versäumnisurteils erst gar nicht stellt, sondern sogleich — da die Voraussetzungen des § 335 vorliegen — Vertagung beantragt. (Das gleiche sprach bei richtiger Auslegung schon die Entscheidung des RG. 41 S. 355 aus, vgl. Frohmuth, Jur. Woch. 1910 S. 273, aber auch Busch Zeitschr. 23 S. 48 u. E. 38 S. 409.)

$\gamma\gamma$) **endlich:** wenn die erschienene Partei weder den Antrag auf Erlassung des Versäumnisurteils, noch den Antrag auf Vertagung stellt, aber auch nicht erklärt, daß das Verfahren ruhen soll, die Voraussetzungen des § 335 aber aktenmäßig vorliegen (vgl. die Streitfrage und Ausführung S. 2 unter β).

In diesen drei Fällen muß die Ladung der säumigen Partei um deswillen stets von Amts wegen erfolgen, weil Abs. 2 des § 335 dies ausdrücklich vorschreibt, und zwar auch dann, wenn der Termin sofort verkündet wird.

Die erschienene Partei ist zu dem neuen Termin (selbstverständlich vorausgesetzt, daß dieser sofort verkündet wird) nur in dem Falle zu $\gamma\gamma$, und nur dann von Amts wegen zu laden, wenn sie nicht rechtzeitig zu dem vertagten Termin geladen war (vgl. vorstehend b u. S. 8).

Der letztere Umstand ist in den Fällen zu β $\alpha\alpha$ u. $\beta\beta$ unerheblich, da die Partei durch ihr Erscheinen und ihre Antragsstellung in dem vertagten Termin auf die Rechtsgültigkeit ihrer Ladung zu diesem verzichtet hat.

γ) **Die Abfassung des Versäumnisurteils** ist — wie auch in dem nichtamtsgerichtlichen Verfahren — nach freiem Ermessen des

Gerichts in der abgekürzten Form des neuen Abs. 4 des § 313 zulässig.

Diese abgekürzte Form weicht von der Urteilsform, welche die Ziff. 1—5 des § 313 vorschreiben, insofern ab, als:

unbedingt fortfallen: der Tatbestand, die Entscheidungsgründe, die Bezeichnung der mitwirkenden Richter;

bedingt entbehrlich ist: die besondere Niederschrift einer Urteilsformel, die durch eine Bezugnahme auf die Klageschrift ersetzbar ist;

die Herstellung des Urteils ist durch Vordruck oder Stempel oder handschriftliche Niederschrift auf der Klagurschrift oder Klagabschrift der Akten oder auf einem damit zu verbindenden Blatt statthaft.

δ) **Der zwingend gebotene Inhalt des abgekürzten Versäumnisurteils muß** sich danach zusammensetzen aus[1]:

αα) der Bezeichnung des Urteils als Anerkenntnis- oder Versäumnisurteil;

ββ) den Bezeichnungen der Ziff. 1 des § 313, also der Parteien, ihrer gesetzlichen Vertreter, der Prozeßbevollmächtigten nach Namen, Stand oder Gewerbe, Wohnort und Parteistellung; soweit diese Angaben in der zur Urteilsabsetzung benutzten Klagurschrift oder -abschrift fehlen, sind in diesen die erforderlichen Nachtragungen vorzunehmen;

γγ) der Bezeichnung des erkennenden Gerichts, unter Angabe des Sitzungstags; letztere ist aber durch den datierten Verkündungsvermerk mit der Namenszeichnung des Gerichtsschreibers ersetzbar;

δδ) der Urteilsformel, die, anstatt den Klagantrag zu wiederholen, sich auf die Festsetzung beschränken kann, daß nach dem Klagantrage erkannt ist. (S. aber das Folgende unter c.)

εε) der Unterschrift des Richters.

c) **Die Voraussetzungen der Zulässigkeit des abgekürzten Versäumnisurteils** sind zum Teil streitig.

Unstreitig ist:

nur gegen den Beklagten, niemals gegen den Kläger kann das Versäumnisurteil in abgekürzter Form ergehen;

die abgekürzte Form des Versäumnisurteils ist statthaft, wenn dieses mit der Wiedergabe des klägerischen Antrags zugleich eine in diesem nicht erwähnte Entscheidung enthält, die von Amts wegen zu treffen ist; nämlich eine Kostenentscheidung

---

[1] Samter, Die Änderungen A. 3 § 313.

gemäß § 308 Abs. 2, eine Entscheidung über vorläufige Vollstreckbarkeit gemäß § 708, nicht § 709;

die abgekürzte Form des Versäumnisurteils ist unstatthaft, sobald auch nur ein Teil des klägerischen Antrags abgewiesen ist.

Ein solches Urteil ist insoweit ein streitiges (§ 331 Abs. 2 RGE. 15 S. 391).

Streitig ist die Bedeutung der Gesetzesworte im Abs. 4 des § 313, welche die Voraussetzung des abgekürzten Versäumnisurteils „dahin bestimmen, daß nach dem Antrage des Klägers erkannt" wird.

In den Änderungen der ZPO. A. 2 zu § 313 ist von mir ausgeführt worden:

„Versäumnis- und Anerkenntnisurteile im Sinne des Abs. 4 des § 313 können nur sog. glatte Versäumnis- und Anerkenntnisurteile sein, also Urteile, durch die nach dem Antrage des Klägers in der Klageschrift erkannt wird.

Die vor der mündlichen Verhandlung in einem rechtzeitig zugestellten Klagenachtrag (§ 335 Nr. 3) vorgenommenen Änderungen bilden aber mit der Klageschrift eine Einheit im Sinne des Abs. 4 und schließen mithin dessen Anwendung nicht aus."

Für diese strikte Auslegung des Abs. 4 — wonach eine zulässige Änderung bzw. Beschränkung des Klagantrags in der mündlichen Verhandlung die Anwendung des abgekürzten Versäumnisurteils ausschließt — ist für mich entscheidend gewesen:

Einmal: die Fassung des Abs. 4 des § 313, der im Satz 1, 4. u. 5 den „Antrag des Klägers" mit dem der Klageschrift (bzw. Klagenachtragsschrift) identifiziert, da andernfalls eine bezügliche Einschränkung hätte gemacht werden müssen.

Ferner: der Kommissionsbericht (Materialien S. 114), der als entscheidenden Gesichtspunkt für die Einführung der abgekürzten Urteile den Satz an die Spitze stellt:

„Da die Klage den bestimmten Antrag und alles enthalte was zu seiner Begründung nötig sei, das Protokoll, die Besetzung des Gerichts und die Vorgänge bei der Verhandlung angebe, so werde es in vielen von den Fällen, in denen genau nach dem Klagantrage erkannt wird, genügen, wenn das Urteil in abgekürzter Form ohne Tatbestand, Gründe und Bezeichnung der mitwirkenden Richter zu den Akten komme."

Wenn nach diesem Haupt- und Leitsatze dann in dem Komm.-Ber. weiter erwähnt wird:

Die Urteilsformel könne durch den bloßen Vermerk, daß antragsmäßig erkannt sei, hergestellt werden; die Urteilsformel müsse aber besonders geschrieben werden: „wenn es sich beispielsweise empfehle, den materiell richtigen Klagantrag stilistisch umzuformen, oder einen im Klagantrag nicht bestimmten Zinstermin anzusetzen, oder wenn der Klagantrag vom Kläger geändert sei,"

so kann unter dieser Änderung des Klagantrags nur eine Änderung im Sinne des § 335 Nr. 3, also ein rechtzeitig mitgeteilter Klagenachtrag gemeint sein; nicht aber auch ein Antrag des Klägers in der mündlichen Verhandlung.

Endlich aber spricht für diese strikte Auslegung des Abs. 4 der Umstand, daß andernfalls rechtsanaloge Anwendungsfälle des Abs. 4 — (die sofort erwähnt werden sollen) — sich ergeben, die mit den vorerwähnten legislatorischen Zwecken des Abs. 4 ganz unvereinbar.

Es ist gewiß nicht zu verkennen, daß die vorgedachte strikte Auslegung des Abs. 4 die durch diesen erstrebte Vereinfachung und Beschleunigung des Erlasses von Versäumnisurteilen in manchen Fällen nicht erreicht.

Aus diesem Grunde insbesondere hat die vorerwähnte strikte Interpretation des Abs. 4 § 313 in der Literatur Widerspruch gefunden.

Stein A. II 2, Goldmann, a. a. O. (freilich mit hier völlig unzutreffendem Hinweis auf das Prinzip der Mündlichkeit des Verfahrens) und Dürrenfeld in der D. JZ. 1910 S. 351 vertreten die Ansicht:

„Unter dem Antrage des Klägers ist aber nicht der Antrag der Klageschrift, sondern der in der mündlichen Verhandlung gestellte Antrag (§ 331) zu verstehen, der unter Umständen von dem der Klagabschrift abweichen kann."

Die genannten Schriftsteller stützen theoretisch ihre Ansicht lediglich auf den Schlußpassus der vorerwähnten Stelle des Komm.-Ber., indem sie unter der hier erwähnten Änderung des Klagantrags auch eine Änderung des Klagantrags erst in der mündlichen Verhandlung begreifen.

Die preußische Justizverwaltung hat — wie aus der Wahl der neuen Formulare 13a und 14 hervorgeht — die weitere, mildere Auslegung des Abs. 4 des § 313 adoptiert, was im Interesse der mit Schreibwerk ja ausreichend belasteten Amtsrichter sicherlich von diesen allseitig mit Dank begrüßt worden ist.

Keineswegs sind hiermit aber auch die mittelbaren Konsequenzen der weiteren Auslegung des § 313 Abs. 4 sanktioniert:

Unzulässig ist die Abfassung eines Versäumnisurteils in der abgekürzten Form des § 313 Abs. 4, welches die Entscheidung eines früheren Versäumnisurteils aus § 343 aufrecht erhält, oder einen Einspruch aus § 345 verwirft.[1]

Denn ein solches Versäumnisurteil entscheidet nicht nur „nach dem Antrage des Klägers", sondern zugleich auch über den Einspruch des Beklagten.

Unzulässig ist ferner: durch abgekürztes Versäumnisurteil nur über einen Teil des klägerischen Antrags zu entscheiden, sofern die Entscheidung über den Restteil z. B. aus § 335 Ziff. 3 noch eine Vertagung erfordert.

Denn ein solches Versäumnisurteil entscheidet, indem es nur einen klägerischen Anspruchsteil zuspricht, zugleich, daß der Restanspruch noch nicht entscheidungsreif ist.

d) **Für die Absetzung der abgekürzten Versäumnisurteile** sind im preußischen Rechtsgebiete bestimmt

αα) **Ein Stempel**[2] folgenden Inhalts:

Verkündet
am ten 19

Gerichtsschreiber

Im Namen des Königs!

(Anerkenntnis-)Versäumnisurteil
Erkannt nach dem Antrage der Klageschrift
.... Zinsen seit dem ten 19
Vorläufig vollstreckbar — gegen Sicherheitsleistung in Höhe
von Mark

Königliches Amtsgericht in

ββ) **Ein Formular Nr. 13a.**

Verkündet
am ten 19

Gerichtsschreiber

Im Namen des Königs!

(Anerkenntnis-)Versäumnisurteil
Erkannt nach dem Antrage der anliegenden Klageschrift
— nach Maßgabe des anliegenden Zahlungsbefehls[3]
.... Zinsen seit dem ten 19
.... Kosten zu Lasten de Beklagten
Vorläufig vollstreckbar — gegen Sicherheitsleistung in Höhe
von Mark

Königliches Amtsgericht in

---

[1] wie Stein A. II 1 § 313 annimmt.
[2] A. V. v. 16. Februar 1910 unter III. (JMBl. S. 67).
[3] Siehe S. 67.

γγ) **Ein Formular Nr. 14.**

Verkündet
am ten 19

Im Namen des Königs!

(Anerkenntnis-)Versäumnisurteil
In Sachen de

Kläger

Prozeßbevollmächtigter
gegen d

Beklagt

Prozeßbevollmächtigter:
wegen
hat das Königliche Amtsgericht in
für Recht erkannt.
D Beklagte w verurteilt
Die Kosten des Rechtsstreits werden de
auferlegt
Dieses Urteil — gegen Sicherheitsleistung in Höhe von
.... Mark — vorläufig vollstreckbar.

Die Einführung des Stempels, des Formulars Nr. 13a und daneben des Formulars Nr. 14 beruht — wie soeben S. 46 erwähnt — auf der weiteren Auslegung des § 313 Abs. 4, wonach die Form des abgekürzten Versäumnisurteils gegen den Beklagten wählbar, sowohl wenn nach dem Klagantrage erkannt wird, als auch dann, wenn nur nach dem — erst in der mündlichen Verhandlung zulässig geänderten — Antrage des Klägers entschieden wird.

Dieser Gesichtspunkt in Verbindung mit der Vorschrift des § 335 Ziff. 3 bestimmt und erklärt die Anwendung des Stempels und des Formulars 13a und andererseits des Formulars 14.

Der Stempel und das Formular 13a sind nur anwendbar, wenn nach dem Antrag der Klageschrift erkannt wird.

Der Stempel wird zu wählen sein, wenn die Klageschrift geeignet ist, das mit Stempelabdruck und -ausfüllung geschaffene Urteil aufzunehmen; z. B. also das Klageschriftpapier dauerhaft, ausreichender Raum vorhanden ist.

Das Formular 13a wird zu wählen sein, wo aus eben gedachten und ähnlichen Gründen es sich nicht empfiehlt, der Klageschrift den Stempelaufdruck aufzusetzen.

Das Formular 13a ist aber mit dem Aktenexemplar der Klageschrift zu verbinden und die Verbindungsstelle soll mit dem Gerichtssiegel versehen oder die Verbindung mit Schnur und Siegel bewirkt werden.

Die — nur für den ersten Blick nicht sofort erklärlichen — Vordrucksstellen im Stempel und Formular 13a bezwecken, und zwar:

„Zinsen seit dem ten 19 " die Einfügung des Zinsbeginntages, wo dieser in Klageschrift oder Klagenachtrag nicht durch ein bestimmtes Datum, sondern z. B. durch die Angabe: „nach Klagezustellung" bezeichnet ist, oder wo der Zinsanspruch vom Kläger erst im Verhandlungstermin zeitlich beschränkt wird.

Eine zeitliche Erweiterung des Zinsenlaufs — ohne vorherige Mitteilung an den Beklagten — oder eine Erhebung eines Zinsanspruchs erst im Termin ist gemäß § 335 Ziff. 3 selbstverständlich unzulässig.

„Vorläufig vollstreckbar" kann im abgekürzten Versäumnisurteil ohne Antrag in Klage oder rechtzeitig zugestelltem Klagenachtrag eingefügt werden, sofern eine solche Feststellung gemäß § 708 von Amts wegen zu erfolgen hat.

Die Worte: „gegen Sicherheitsleistung in Höhe von ..... Mark" gestatten die Einfügung der festgesetzten Sicherheitsleistungssumme, vorausgesetzt hier, daß der bezügliche Antrag bereits durch Klagantrag oder -nachtrag dem Beklagten rechtzeitig mitgeteilt ist (§ 335 Ziff. 3).

„Kosten zu Lasten de Beklagten" soll die stets von Amts wegen zu treffende Kostenentscheidung ermöglichen, sofern eine solche in Klageschrift oder -nachtrag nicht beantragt ist.

Im letzten Falle soll — da der Stempelvordruck jene Worte „Kosten zu Lasten de Beklagten" nicht enthält, obschon dies ebenso zulässig gewesen wie im Formular 13a — anscheinend nur letzteres nach der Intention der Justizverwaltung zur Verwendung kommen. Es ist aber unbedenklich, die Kostenentscheidung in den durch den Stempel vorgenommenen Vordruck handschriftlich einzufügen.

Das Formular 14 endlich hat zur Verwendung zu gelangen, sobald der Kläger erst im Verhandlungstermin die — nach der herrschenden Ansicht (vorst. S. 45—46) möglichen — zulässigen Änderungen des Klagantrags oder -nachtrags vornimmt.

Die Bedeutung der auch in diesem Formular 14 enthaltenen Vordrucksstellen der letzten vier Zeilen erhellt aus dem vorstehend zu dem Vordruck des Stempels und Formular 13a Dargelegten.

e) **Die Ausfertigung der abgekürzten Versäumnisurteile** ist der Art der drei abgekürzten Urteile entsprechend (§ 317 Abs. 4).

α) **Das abgekürzte Urteil** mit dem Inhalt des vorstehend erwähnten preußischen Formulars 14 wird ausgefertigt durch einfache Anfertigung einer wörtlichen Abschrift dieses Urteils mit dem Siegel und der Unterschrift des Gerichtsschreibers (s. auch § 725).

β) **Die Ausfertigung eines durch Stempelaufdruck** (S. 47) auf dem Gerichtsexemplar der Klage oder durch Verbindung desselben mit einem Blatt mit dem Formularinhalt 13a (S. 47) hergestellten Urteils kann in doppelter Weise geschehen:

Der Gerichtsschreiber überträgt auf einer beglaubigten Abschrift der Klage den wörtlichen Inhalt des Urteilsvermerks, und versieht diese Urkunde mit seiner Unterschrift und dem Gerichtssiegel.

Jene beglaubigte Klagabschrift kann nach der Gesetzesvorschrift des § 317 Abs. 4 durch den Gerichtsschreiber oder durch den „Rechtsanwalt des Klägers" angefertigt werden.

„Der Rechtsanwalt des Klägers" ist hier, wie Stein A. III 2 § 317 zutreffend bemerkt, der prozeßbevollmächtigte Anwalt des Klägers, der als solcher gemäß § 88 Abs. 2 im Amtsgerichtsprozeß durch Prozeßvollmacht legitimiert sein muß.

Eine von einem anderen Rechtsanwalt ausgeführte Beglaubigung der Klagabschrift kann diese zur Urteilsausfertigung nur dann benutzbar machen, wenn jener Rechtsanwalt Vollmacht mindestens ad hoc nachweist oder zu jenem Akt richterliche Genehmigung aus § 89 erhält.

Anderenfalls sind Mißbräuche durch Angestellte eines Anwaltsbureaus möglich.

Im preußischen Rechtsgebiete soll nach § 16 des JM. vom 29. Januar 1910 (JMBl. 20) die Ausfertigung eines in abgekürzter Form hergestellten Urteils unter Benutzung einer beglaubigten Abschrift der Klageschrift (oder des Zahlungsbefehls s. S. 67) nur dann stattfinden, wenn jene Abschrift eingereicht ist und ihrer Verwendung mit Rücksicht auf die Beschaffenheit des Papiers und der Schrift keine Bedenken entgegenstehen.

Für die Erteilung solcher Ausfertigungen sind — obschon die Übertragung des Urteilsvermerks auf die beglaubigte Klageschrift Schreibwerk veranlaßt, gerichtsseitig nach § 79 GKG. Schreibgebühren nicht in Ansatz zu bringen.

Der Rechtsanwalt des Klägers aber erhält für die Herstellung der beglaubigten Klagabschrift trotz der Pauschsätze des § 76 der

GebO. f. R. gemäß Ziff. 2 dieses Paragraphen besondere Schreibgebühren.[1]

γ) **Der Gerichtsschreiber kann die Ausfertigung eines abgekürzten — mittels Stempelvordrucks oder Formular 13a — abgefaßten Urteils** auch der Art herstellen, daß er die Urteilsformel zu einem Urteil mit dem Inhalt des § 313 Ziff. 1, 2 — nicht also auch der Ziff. 3, denn Tatbestand und Entscheidungsgründe fehlen ja — ergänzt.

Diese Ergänzung kann der Gerichtsschreiber nur aus dem Inhalt des Gerichtsexemplars der Klage entnehmen, das, soweit es den Inhalt der Ziff. 1, 2 nicht enthält, von dem Richter bereits bevor er die Urteilsformel auf dem Klagexemplar durch Stempelvordruck oder im Form. 13a absetzte, vervollständigt sein muß (s. S. 44).

Der Gerichtsschreiber ist niemals — welche Form der Urteilsausfertigung auch vorliegt — berechtigt, von den Angaben des Gerichtsexemplars der Klage abzuweichen.[1]

Ergibt sich nachträglich, daß die Angaben des Gerichtsexemplars der Klage — es sei vor oder nach Absetzung des abgekürzten Urteils — unrichtig sind bzw. geworden, so hat der Erteilung der Urteilsausfertigung eine Urteilsberichtigung vorherzugehen.

f) **Die Berichtigungen der abgekürzten Versäumnisurteile sind**

α) **ausgeschlossen:** nach Maßgabe des § 320; und zwar: nach dem durch die Novelle vom 1. Juni 1909 hinzugefügten Abs. 3 des § 316; denn jene Urteile sind eben tatbestandslos;

β) **statthaft** aber sind:

Berichtigungen von Schreibfehlern, Rechnungsfehlern und ähnlichen offenbaren Unrichtigkeiten aus § 319, da diese auch bei abgekürzten Urteilen eben „in dem Urteile vorkommen" können; allein auch:

γ) **Berichtigungen in Form von Ergänzungen** aus § 321 sind bei abgekürzten Urteilen statthaft.

Denn[2] nach den Motiven der Zivilprozeßordnung (Mat. II S. 289, 358) und der Judikatur (RGE. 23 S. 424) können unvollständige Urteile nur im Ergänzungsverfahren, nicht durch Erhebung eines Rechtsmittels vervollständigt werden.

Der Gesetzgeber kann daher die nachträgliche Ergänzung un-

---

[1] Samter, Die Änderungen S. 112—113 und A. 4 § 317, deren Inhalt Goldmann a. a. O. S. 19 verkannt hat. Gl. A.: Stein A. III 2 § 317,

[2] Samter, Die Änderungen Anm. 3 § 316; den vorstehenden Ausführungen ist jetzt Kann im Juristischen Literaturblatt 1910 S. 111 beigetreten.

vollständiger abgekürzter Urteile nach § 321 nicht ausgeschlossen haben.

Da nun aber die Voraussetzung des § 321 ist, daß unvollständige, einen erhobenen Anspruch nicht berücksichtigende Urteile „nach dem ursprünglich festgestellten oder nachträglich berichtigten Tatbestand" sich als ergänzungsbedürftig erweisen, so ergibt sich, daß als „Tatbestand" im Sinne des § 321 hier der Klagevortrag zu betrachten ist, der ex lege als stillschweigend festgestellter Tatbestand des abgekürzten Urteils zu erachten ist.[1]

B.

Das Einspruchsverfahren.

a) **Die Einlegung des Einspruchs** vollzieht sich nach der Neufassung des § 340 — nicht mehr durch Zustellung, sondern —:

durch Einreichung der Einspruchsschrift (auch mittels Depesche RG. 44 S. 369) wie im nichtamtsgerichtlichen Prozeß; ferner im amtsgerichtlichen Prozeß:

durch Anbringung zum Protokolle des Gerichtsschreibers gemäß § 496 Abs. 2.

Die inhaltlichen Voraussetzungen des Einspruchs sind:

die Bezeichnung des Urteils, gegen welches der Einspruch gerichtet wird;

die Erklärung, daß gegen dieses Urteil Einspruch eingelegt wird; doch ist der Gebrauch des Wortes „Einspruch" auch ferner nicht zwingend, es genügt jeder Ausdruck, der die Absicht auf Beseitigung des Versäumnisurteils zweifelsfrei klar legt.

Die Zulässigkeit des Einspruchs ist wie bisher von vorheriger Zustellung des Urteils nicht bedingt, sobald aber die Urteilszustellung erfolgt, ist die Einspruchseinlegung an Wahrung einer einwöchigen Notfrist, mit jenem Zeitpunkt beginnend, gebunden (§ 508 Abs. 2).

Mit der Einreichung der Einspruchsschrift soll, wie § 340a vorschreibt, „die Partei die erforderliche Zahl von beglaubigten Abschriften einreichen".

---

[1] Die vorstehend dargelegten Grundsätze gelten auch für das Anerkenntnisurteil, das nach § 313 letzter Absatz wie das Versäumnisurteil in abgekürzter Form erlassen werden kann, wenn nach dem Antrage des Klägers erkannt wird. Die letzterwähnte Voraussetzung ist nach der herrschenden Ansicht (Stein A. II 2) auch dann gewahrt, wenn gemäß § 721 dem Beklagten auf seinen Antrag eine Räumungsfrist gewährt wird.

Diese Vorschrift gilt im Amtsgerichtsprozeß nicht, wird vielmehr durch die ganz allgemeine Vorschrift des § 496 Abs. 1 u. 2 letzter Satz in Verbindung mit § 210 ersetzt.

Hiernach hat die Partei — sie mag durch einen Anwalt vertreten sein oder nicht — stets nur die erforderliche Zahl einfacher Abschriften einzureichen, deren Beglaubigung dem Gerichtsschreiber obliegt (s. S. 6).[1]

Ist die Beifügung von Abschriften unterblieben, so hat dies hier nur die Folge, daß die letzteren (§ 86 Abs. 2 des GerKostGes.) auf Kosten der Partei von Amts wegen anzufertigen sind.

b) **Nach Einlegung des Einspruchs** hat von Amts wegen:

die Bestimmung des Termins zur mündlichen Verhandlung „über den Einspruch und die Hauptsache" zu erfolgen.

Jede Vorprüfung der Zulässigkeit des Einspruchs — anders bei Einreichung der Klage siehe S. 9 — ist unzulässig.

Die Terminsbestimmung ist auch dann vorzunehmen, wenn aktenmäßig feststeht, daß der Einspruch z. B. gemäß § 345 unstatthaft ist.[2]

Sodann folgt:

die Bekanntmachung des Termins an die Parteien, an den Einspruchsgegner unter gleichzeitiger Zustellung der Einspruchsschrift.

Die Gültigkeit dieser Ladungen der Parteien von Amts wegen hat zur Voraussetzung:

α) einmal die eben erwähnte Zustellung der Einspruchsschrift an den Einspruchsgegner;

β) sodann die ausdrückliche Ladung gemäß § 340a „zur mündlichen Verhandlung über den Einspruch und die Hauptsache", andernfalls liegt eine formwidrige Ladung vor, die als solche den Erlaß eines Versäumnisurteils verhindert;[3]

γ) endlich die Wahrung der Ladungsfrist des § 217.

c) **Die Folge der Einlegung des Einspruchs** im amtsgericht-

---

[1] Stein A. II § 340a nimmt auch hier an, daß im Amtsgerichtsprozeß die Beglaubigung der Einspruchsschrift auch durch den Anwalt einer Partei erfolgen kann, und nur, wenn eine Partei selbst die Einspruchsschrift einreicht, durch den Gerichtsschreiber. Eine solche Unterscheidung ist völlig willkürlich, s. die Ausführungen S. 6.

[2] Samter, Die Änderungen A. 3b zu § 340a und hiermit übereinstimmend Stein A. I § 340.

[3] Stein A. I § 340 erachtet, ohne Begründung, nur bei Fortlassung der Worte: „über die Hauptsache", die Ladung für ungültig.

lichen Prozeß — selbst bei offensichtlich unzulässigem Einspruch — ist der Wiedereintritt des Amtsbetriebs, also der Fürsorgepflicht des Amtsrichters für den geordneten Fortgang des Prozesses, wie nach Einreichung der Klage (vgl. S. 12, 13).

Streitgenossen sind daher von Amts wegen nicht nur zum ersten Termin — sofern sie Gegner des Einspruchseinlegers unter Zustellung der Einspruchsschrift — sondern auch zu ferneren Terminen von Amts wegen zu laden, wenn eine Ladung nach § 218 (S. 7) nicht entbehrlich ist (§§ 61, 62, 63).

d) **Die Zurücknahme des Einspruchs** hat im amtsgerichtlichen Verfahren durch Einreichung eines Schriftsatzes oder Anbringung zum Protokolle des Gerichtsschreibers zu erfolgen; beide Erklärungen sind von Amts wegen dem Einspruchsgegner zuzustellen (§ 346 in Verbindung mit § 496 Abs. 1 u. 2, s. auch S. 14).

e) **Die Entscheidung über den Einspruch** kann infolge der neuen Vorschrift im § 508 Abs. 3 unter dreifach verschiedener Rechtslage zu treffen sein und gestaltet sich dementsprechend auch dreifach verschieden.

α) Ist der Einspruch unzulässig, so ist ein Eintritt in die Verhandlung zur Hauptsache unzulässig. Der Einspruch ist wie vor, so jetzt auch nach der Novelle vom 1. Juni 1909 gemäß § 341 bzw. § 345 durch Urteil als unzulässig zu verwerfen.

β) Ist der Einspruch zulässig und damit ein Eintreten in die Verhandlung statthaft, so ist zu unterscheiden:

αα) Wird sogleich vor Verhandlung zur Hauptsache die Einrede der Unzuständigkeit des Gerichts erhoben und mit dieser ein Antrag auf Verweisung des Rechtsstreits aus § 505 oder § 506 verbunden, so ist:

ein Verweisungsbeschluß aus §§ 505 bzw. 506 zu verkünden, der durch sein Ergehen zugleich die Zulässigkeit des Einspruchs, und zwar bindend für das Gericht, an welches der Rechtsstreit verwiesen ist, feststellt.

Dies spricht die Begründung (Materialien S. 22) so strikte und klar dahin aus:

„Der Verweisungsbeschluß enthält dann stillschweigend auch die Entscheidung, daß der Einspruch zulässig sei",

daß hierüber kein Zweifel bestehen kann.

Stein A. IV § 508 bezweifelt dies mit der Erwägung: „daß, wenn der Amtsrichter es übersehen haben sollte, die Zulässigkeit des Einspruchs zu prüfen, dann eine Bindung an eine nicht einmal innerlich vollzogene Entscheidung eintreten müßte."

Diese Erwägung ist nicht nur ohne reale forensische Grundlage,[1] sondern auch unbegründet, wenn jeder Verweisungsbeschluß trotz seiner Unanfechtbarkeit mit Gründen[2] versehen wird.

Ein Zwischenurteil über die Zulässigkeit des Einspruchs neben dem sofort zu erlassenden Verweisungsbeschluß ist unstatthaft. Denn es steht in dem vorliegenden Falle bereits fest, daß das den Rechtsstreit verweisende Amtsgericht ein Endurteil in dem Prozeß nicht zu sprechen hat. Nach dem Wesenszweck, den die Motive der Zivilprozeßordnung für das Zwischenurteil aufstellen (vgl. Mat. II S. 284), ist aber ein Zwischenurteil nur dazu bestimmt, „das Endurteil vorzubereiten".

A. M. ist auch hier Stein, der A. IV § 508 in dem vorliegenden Fall ein Zwischenurteil für zulässig erachtet.

[1] In dem theoretischen Fall, wo trotz Unzulässigkeit des Einspruchs ein Amtsgericht den Rechtsstreit an ein anderes Gericht verweisen würde, durch den Verweisungsbeschluß implicite die Zulässigkeit des Einspruchs bejahend entscheidend, ist an diese Entscheidung zwar das Gericht, an welches verwiesen wurde, gebunden.

Diese Bindung hat aber prozeßrechtlich nur die Folge, daß das letztgedachte Gericht nicht die Anberaumung eines Verhandlungstermins einfach ablehnen kann, weil eine Verhandlung infolge Unzulässigkeit des Einspruchs unstatthaft ist.

In einem solchen Falle ist vielmehr die Prozeßlage genau so, als hätte das verweisende Gericht — mangels eines Verweisungsantrags — die Zulässigkeit des Einspruchs implicite durch Erlaß eines Beweisbeschlusses bejaht und zur Erledigung des letzteren Verhandlungstermin anberaumt.

Zweifellos kann das Amtsgericht im letztgedachten Falle, sobald es die Unzulässigkeit des Einspruchs nachträglich erkennt, die Erledigung der bereits angeordneten Beweisaufnahme unterlassen und nachträglich den Einspruch gemäß § 341 durch Urteil als unzulässig verwerfen.

In genau rechtsanaloger Lage ist das Gericht, an welches trotz objektiver Unzulässigkeit des Einspruchs der Rechtsstreit aus § 508 verwiesen ist. Der Verweisungsbeschluß verpflichtet zwar dieses Gericht, Verhandlungstermin anzuberaumen, sobald es aber in diesem die Unzulässigkeit des Einspruchs erkennt, hat es den letzteren als unzulässig durch Urteil gemäß § 341 zu verwerfen.

[2] In meinem Kommentar zur Novelle v. 1. Juni 1909 habe ich bereits in A. 3 zu § 505 ausgeführt: „Die Unanfechtbarkeit und Bindung des Obergerichts, welche dem Verweisungsbeschluß innewohnt, enthebt das Amtsgericht nicht, wenn die Zuständigkeitsfrage streitig geblieben, die Verweisung und Bestimmung des zuständigen Gerichts zu begründen. Es kann eine offensichtliche unrichtige Behandlung die Überweisung veranlaßt haben, z. B. die Bezeichnung des Erfüllungsortes falsch gelesen sein, die Gerichtszugehörigkeit eines Ortes irrtümlich angenommen sein; solche Umstände können für das Gericht, an das der Prozeß verwiesen, entscheidend sein, die gerichtlichen Mehrkosten des Abs. 3 des § 505 gemäß § 6 des GerKostGes. niederzuschlagen."

Durch Endurteil ist aber auch in dem vorliegenden Falle — zwar die Zulässigkeit des Einspruchs auszusprechen, trotzdem aber — die Klage abzuweisen, wenn nach erhobenem Einwand der Unzuständigkeit des Gerichts:

entweder das zuständige Gericht nicht sofort festgestellt werden kann, an welches der Rechtsstreit zu verweisen ist;

oder ein Verweisungsantrag nicht gestellt wird (s. S. 23),

oder ein anderes Gericht ausschließlich zuständig ist (§§ 24, 771 ZPO., § 70 Abs. 2 u. 3 GVG. (s. die Streitfrage S. 24).

ββ) Steht dem Eintritt in die Verhandlung zur Hauptsache eine Einrede der Unzuständigkeit des Gerichts nicht gegenüber, so kann — wie schon vor der Novelle — die Entscheidung über die Zulässigkeit des Einspruchs entweder durch Zwischenurteil aus § 303 oder in den Gründen des demnächst ergehenden Endurteils zur Hauptsache ausgesprochen werden.

Paragraph 6.

Der Wechselprozeß.

a) **Die allgemeinen Voraussetzungen** der §§ 592—601 (des Urkundenprozesses) und die besonderen der §§ 602—605 sind wie für den nichtamtsgerichtlichen Prozeß so auch für den Amtsgerichtsprozeß durch die Novelle vom 1. Juni 1909 nicht geändert, auch die bisherigen Streitfragen sind nicht entschieden worden.

α) **Die Klage** muß daher die Erklärung auch ferner enthalten, daß im Wechselprozeß geklagt wird.

Dem Wechselanspruch gleichstehend bleibt nach § 28 des ScheckGes. vom 11. März 1908 der Rechtsanspruch aus einem Scheck.

β) **Streitig für den amtsgerichtlichen Wechselprozeß** ist, ob unter den der Wechselklage gemäß § 593 Abs. 2 beizufügenden Urkunden die Wechselurschrift sich befinden muß.

Der Abs. 2 des § 593 schreibt unzweideutig vor, daß eine Abschrift genügt.

Stein[1] A II 4 zu § 496 nimmt an, „die Abschrift muß eine beglaubigte sein und es kann deshalb nur die durch einen Rechtsanwalt vertretene Partei bei der Einreichung einer Klagschrift von

[1] Unentschieden für die vorstehende Streitfrage Struckmann und Koch A. 2 § 503.

dieser Befugnis Gebrauch machen. Der Gerichtsschreiber kann die dem Beklagten zuzustellende Abschrift des Klagewechsels nicht beglaubigen, ohne die Urschrift vor sich zu haben, so wenig als der Anwalt das kann".

Beide Ausführungen sind unzutreffend. Nach der allgemeinen Vorschrift des § 496 Abs. 1 und Abs. 2 letzter Satz in Verbindung mit § 210 hat im Amtsgerichtsprozeß nur der Gerichtsschreiber — eine Partei mag durch einen Anwalt vertreten sein oder nicht — alle Schriftsätze und daher auch ihre integrierenden oder gesetzlich vorgeschriebenen Anlagen zu beglaubigen (vgl. S. 6). Und ferner erhellt aus § 593 Abs. 2 in Verbindung mit dem § 496 Abs. 1 und 2, daß hier anstatt der Beglaubigung der Urkundenurschriften auch die Beglaubigung der mit der Klage überreichten Abschriften genügt.

Eine im Verhandlungstermin sich herausstellende Abweichung der Urkundenurschrift von der mit der Klage überreichten, und daher auch dem Beklagten beglaubigt zugestellten Urkundenabschrift kann allerdings eine Vertagung veranlassen. In den streitigen Wechselsachen wird aber in jenem Falle regelmäßig § 295 anwendbar und damit eine Vertagung vermeidbar werden. Nur der Erlaß eines Versäumnisurteils (§ 325 Ziff. 1) wird in dem gedachten Falle die Anberaumung eines neuen Termins erfordern, zu welchem unter Zustellung einer der Urschrift entsprechenden Abschrift der Beklagte, unter Wahrung der Einlassungsfrist (§ 593 Abs. 2, s. auch RGE. 57 S. 306) rechtzeitig von Amts wegen von neuem zu laden ist.

Die Möglichkeit einer solchen Vertagung kann übrigens der Amtsrichter im Einzelfalle auf Grund des neuen § 501 Ziff. 1 durch eine Anordnung auf Vorlegung der Urkundenurschrift und event. nachträgliche Zustellung einer richtigen Abschrift abwenden.

Eine Prozeßpartei kann die Vorlegung der Urkundenurschrift vor dem ersten Termin aus § 134 erzielen.

γ) **Der Klaganspruch** muß auch ferner auf Zahlung einer Wechselsumme gerichtet sein; indessen kann Zahlung auch nur zwecks Sicherheitsleistung gemäß Art. 25—27, 29 der WO. gefordert werden.

Die Ansprüche auf Herausgabe des Prima- oder Originalwechsels gemäß Art. 68, 72 der WO. sind leider auch nach der Novelle vom 1. Juni 1909 vom Wechselprozeß ausgeschlossen.

Dagegen bleibt ein Wechselprozeßklaganspruch gegen den Ehemann einer wechselschuldnerischen Ehefrau auf Duldung der Zwangsvollstreckung zulässig. RGE. 50 S. 52.

Die zur Begründung des Anspruchs erforderlichen Tatsachen müssen auch ferner durch Urkunden bewiesen werden können.

δ) **Unentschieden** ist durch die Novelle die streitige Abgrenzung geblieben:

αα) ob bzw. inwieweit Reate der Aktiv- und Passivlegitimation materiellrechtlicher Natur sind, und deshalb rücksichtlich derselben, soweit sie den Klaganspruch betreffen, Urkunden, im übrigen nur Eideszuschiebung als Beweismittel zulässig sind (vgl. RGE. 13 S. 370), oder:

ββ) inwieweit die Reate der Aktiv- und Passivlegitimation nur die prozessuale Legitimation, wie z. B. die Prozeßfähigkeit betreffen und daher durch alle zulässigen Beweismittel feststellbar sind.

Die letztgedachte Feststellung kann im Einzelfall für die Frage, ob überhaupt eine Klage im Sinne § 496 eingereicht ist, entscheidend sein; es kann daher im amtsgerichtlichen Verfahren die Einreichung einer Wechselklage bezügliche Vorprüfungen und Feststellungen vor Anberaumung des Verhandlungstermins unvermeidbar machen (vgl. S. 9 u. 18).

ε) **Ganz unverändert sind** nach der Novelle vom 1. Juni 1909 **die Vorschriften** geblieben:

αα) über die örtliche Zuständigkeit des Gerichts des „Zahlungsortes" (§ 603 Abs. 1 und Art. 48—97 WO.), des allgemeinen Gerichtsstands eines Wechselverpflichteten zugleich mehreren Wechselschuldnern gegenüber § 603 Abs. 2 (RGE. 51 S. 175; Falkmann-Mugdan V. S. 92;

ββ) klagebegründende Tatsachen sind, wie bereits erwähnt, durch Urkunden zu beweisen (§ 592), ausgenommen die Wechselvorlegung, die, wo sie an Stelle einer entbehrlichen Protesterhebung die mora des Akzeptanten begründen soll, durch Eideszuschiebung beweisbar ist; nur diesem Beweismittel sind die nicht klagebegründenden Tatsachen unterstellbar (§ 595 Abs. 2);

γγ) der Urkundenbeweisantritt hat auch ferner durch Vorlegung der Urkunden zu erfolgen (§ 595 Abs. 3);

δδ) der Eid ist stets durch Beschluß zu erfordern (§ 595 Abs. 4);

εε) weiter ist es bei den Vorschriften verblieben über Klagezurückweisung als „unstatthaft in der gewählten Prozeßart" § 597 Abs. 2, wenn nicht der Beklagte den Anspruch anerkennt RGE. 5 S. 352, 9 S. 434; andererseits aber selbst bei Versäumnis des Beklagten; Busch Zeitschr. 3. 1. 91;

dagegen ist eine sachliche Abweisung in der Hauptsache — trotz Unstatthaftigkeit des Wechselprozesses — auszusprechen, wenn der Anspruch materiell unbegründet § 597 Abs. 1, RGE. 4 S. 352;

ζζ) endlich sind unberührt geblieben § 598: über die Zurückweisung wechselprozeßrechtlich unzulässiger Beweiseinreden; die §§ 559, 600 über den Vorbehalt der Ausführung der Rechte des Beklagten, der dem Anspruch widersprochen.

b) **Neubestimmt ist durch die Novelle vom 1. Juni 1909**

α) **die Einlassungsfrist:** diese beträgt im amtsgerichtlichen[1] Wechselprozeß:

[1] Betreffs des landgerichtlichen Wechselprozesses s. Samter, Die Änderungen A. 2 zu § 604.

$\alpha\alpha$) **24 Stunden**, wenn die Klage am Sitzorte des Prozeßgerichts zugestellt ist, oder an einem diesem benachbarten Orte, sofern diesen der Bundesrat als einen Einort mit ersterem bezeichnet;

$\beta\beta$) **drei Tage**, wenn die Klage zwar nicht am Sitzorte des Amtsgerichts zugestellt ist, aber an einem Orte der:

a) entweder im Bezirke jenes Amtsgerichts liegt;

b) oder im Bezirke des übergeordneten Landgerichts liegt;

c) oder zwar an einem Orte im Bezirke eines nicht übergeordneten Landgerichts, sofern nur ein Teil des letztgenannten Bezirks zu dem des übergeordneten Landgerichts gehört;

d) oder an einem Orte, der als benachbart mit einem der zu a—c genannten, und daher als Einort mit diesem vom Bundesrat bezeichnet ist (§ 604, Art. V der Novelle v. 1. Juni 1909 und Bekanntm. des Bundesrats v. 11. März 1909 RGBl. S. 474);

$\gamma\gamma$) **eine Woche**, sofern die Klage im Inlande an einem anderen Orte, als den vorstehend unter $\alpha\alpha$, $\beta\beta$ genannten zugestellt ist.

β) **Die Ladungsfrist** beträgt:

drei Tage in dem vorstehenden Falle $\gamma\gamma$ gemäß § 604 Abs. 2 letzter Satz;

im übrigen ist sie der vorstehenden Einlassungsfrist gleichfristig (§ 604 Abs. 2 letzter Satz).

Paragraph 7.

Das Mahnverfahren und das Verfahren nach erhobenem Widerspruch.

1.

Die Änderungen der §§ 688—703 durch die Novelle vom 1. Juni 1909 sind durch die Einführung des Amtsbetriebes und durch den leitenden Gesichtspunkt der Begründung:

„dem Mahnverfahren, dessen Anwendung immer mehr abnimmt, durch eine straffere Gestaltung in der Praxis größere Beliebtheit zu verschaffen“ (Materialien S. 25)

bedingt.

2.

Die allgemeinen Voraussetzungen des Mahnverfahrens, also des Erlasses eines Zahlungsbefehls sind unverändert geblieben:

a) **dem Schuldner** muß, nach dem Inhalt des Gesuches um Erlaß des Zahlungsbefehls, der letztere im deutschen Reichsgebiete zustellbar sein (§ 688 Abs. 2).

Dem deutschen Reichsgebiete sind aber die deutschen Schutzgebiete zuzuzählen (vgl. Vierhaus in Busch Zeitschr. 14 S. 207).

Denn nach § 688 Abs. 2 darf ein Zahlungsbefehl nicht im Ausland (§ 199 u. f.) oder durch öffentliche Bekanntmachung (§ 203 u. f.) zugestellt werden.

Ein jener Vorschrift zuwider abgesetzter, aber nicht zur Zustellung gelangter Zahlungsbefehl ist rechtlich ein nihil actum. Ein trotz jener Vorschrift erlassener und zugestellter Zahlungsbefehl hat unbedenklich Rechtshängigkeit, ist aber prozessual gesetzwidrig erzeugt.

Das Gesuch und damit der Zahlungsbefehl wird deshalb zurückzunehmen sein, denn ein Vollstreckungsbefehl ist nicht erteilbar. Gl. A. anscheinend: Stein A. IV zu § 688.

b) **Der Anspruch** des zu erlassenden Zahlungsbefehls muß zum Gegenstand haben:

„die Zahlung einer bestimmten Geldsumme oder die Leistung einer bestimmten Quantität anderer vertretbarer Sachen oder Wertpapiere" (§ 688 Abs. 1).

Bestimmt ist nur ein Anspruch, der fällig, unbedingt und von einer Gegenleistung unabhängig ist.

Eine noch nicht erfolgte, Zug um Zug gegen Zahlung der Anspruchssumme vorzunehmende Gegenleistung des Mahngläubigers an den Mahnschuldner schließt mithin den Erlaß eines Zahlungsbefehls aus.

Dies auch dann, wenn der Mahnschuldner mit der Annahme der Gegenleistung bereits im Verzuge ist; auch in diesem Falle ist eine Verurteilung des säumigen Schuldners zur Zahlung nur Zug um Zug gegen die gläubigerische Leistung zulässig (§ 322 BGB. und Seuff. Arch. 59 S. 264, Jur. Woch. 33 S. 90).

Alternativansprüche sind bestimmte, mithin im Zahlungsbefehl zulässige Ansprüche, sofern jeder der Ansprüche fällig, unbedingt und von jeder Gegenleistung unabhängig ist.

Als Geldzahlungsanspruch betrachtet das Gesetz im § 688 für das Mahnverfahren — wie im § 592 für den Urkundenprozeß — auch die Ansprüche aus einer Hypothek, einer Grundschuld oder einer Rentenschuld; und zwar, wie die Begründung der Novelle vom 17. Mai 1898 zu § 688 ergibt, auch dann, wenn jene Ansprüche gegen dritte Besitzer des Grundstücks mit dem dinglichen Antrag auf Duldung der Befriedigung aus dem Grundstück sich richten (§ 688 Abs. 1 Satz 2).

Der Anspruch auf Duldung der Zwangsvollstreckung aus den §§ 737, 739, 743, 745, 748 ist nach dem Wortlaut des § 688 in einem Zahlungsbefehl nicht aufzunehmen. Die Praxis hält aber — mit Gaupp-Stein § 592 III in rechtsanaloger Anwendung des § 688 Abs. 1 Satz 2 — jenen Duldungsanspruch zusammen mit dem Zahlungsanspruch des Befehls als mit festsetzbar.

Auch mehrere Ansprüche kann ein Zahlungsbefehl enthalten gegen denselben Schuldner (§ 260), wie gegen mehrere Schuldner (§§ 59 und 36 Ziff. 3), sofern (vgl. folgende Ziffer 3 a auch § 603) das Amtsgericht für sämtliche Ansprüche zuständig ist.

3.

Die besonderen Voraussetzungen des Erlasses eines Zahlungsbefehls:

a) **Das Amtsgericht muß örtlich**[1] **zuständig sein.** Erlaßbar war bisher ein Zahlungsbefehl nur von dem Amtsgericht des allgemeinen Gerichtsstands, des Aufenthalts des dinglichen Gerichtsstands. Die Novelle vom 1. Juni 1909 aber bestimmt im Abs. 2 des § 689:

„Zuständig ist das Amtsgericht, welches für die im ordentlichen Verfahren erhobene Klage zuständig sein würde, wenn die Amtsgerichte in erster Instanz sachlich unbeschränkt zuständig wären."

Die örtliche Zuständigkeit eines Amtsgerichts zum Erlaß eines Zahlungsbefehls ist hiernach gegeben, sofern bei demselben für eine Klage über den Zahlungsbefehlsanspruch sowohl ein allgemeiner wie ein besonderer Gerichtsstand (also insbesondere der des Erfüllungsortes des § 29, aber auch der des § 32 u. des § 38) begründet wäre.

Ein Zahlungsbefehl kann hiernach von dem Amtsgericht nicht erlassen werden:

α) über Ansprüche, zu deren Entscheidung Sondergerichte berufen sind, wie die Gewerbe- und Kaufmannsgerichte, § 6 Gew.-GerGes., § 6 KaufmGerGes. (vgl. auch S. 24);

β) über Ansprüche, deren Entscheidung „ausschließlicher" örtlicher Zuständigkeit, sei es durch Gesetz (§ 24) oder durch Parteivereinbarung unterstellt sind (vgl. S. 24);

γ) über Ansprüche, für deren Erhebung durch Klage ein ausschließlicher sachlicher Gerichtsstand (§§ 40 Abs. 2 ZPO., 70 GVG.) begründet ist.

[1] Die ausschließlich sachliche Zuständigkeit des Amtsgerichts für das Mahnverfahren ergibt Abs. 1 § 689 klar.

Die Judikatur (RGE. 24 S. 195) wie die Literatur hatte letzteres für den bisherigen § 689 nicht angenommen; und Stein A. I § 689 verneint jenes auch gegenüber dem neuen Abs. 2 des § 689.

Allein, nachdem die Begründung (Materialien S. 27) ausdrücklich erklärt hat:

„der Fall, daß wegen eines der im § 70[2, 3] GVG. bezeichneten Ansprüche ein Zahlungsbefehl beantragt wird, ist so selten, daß er im Gesetze nicht berücksichtigt zu werden braucht,"

muß hier die strikte Anwendung der Regel der §§ 38, 40 Abs. 2 eingreifen, welche die Entscheidung der im § 70[2, 3] GVG. erwähnten Ansprüche den Amtsgerichten zweifelsfrei entzieht (s. auch Busch, Zeitschrift II 195 vgl. S. 24).

b) **Ein Gesuch dem § 690 Ziff. 1—4 entsprechend muß vorliegen.**

Die Anbringung des Gesuchs kann erfolgen durch:

schriftliche Eingabe:

Im preußischen Rechtsgebiete gestattet § 24 Ziff. 5 d. Geschäftsordn. f. Gerichtsschr. die schriftliche Eingabe in die Form eines Entwurfs zu einem Zahlungsbefehl, der den Voraussetzungen des § 690 entspricht, zu kleiden und mit der Bitte um Vollziehung einzureichen;

durch Anbringung bei dem Gerichtsschreiber:

Hierbei ist nach § 702 die Aufnahme eines Protokolls nicht erforderlich.

Im preußischen Rechtsgebiet aber schreibt § 24 Ziff. 2 d. Geschäftsordn. f. Gerichtsschr. die Aufnahme eines Protokolls vor, wenn der Gerichtsschreiber das Gesuch für unstatthaft hält.

Bevollmächtigte brauchen dem Gesuch um Erlaß eines Zahlungsbefehls nicht eine Vollmacht beizufügen (§ 703).

Das Gesuch hat inhaltlich zu enthalten:

α) **Zwingend:**

a) die Bezeichnung der Parteien, wie Ziff. 1 § 690 (abweichend von § 253[1] für die Klage) vorschreibt nach Namen, Stand oder Gewerbe und Wohnort; also auch der Aufenthaltsort ist zu bezeichnen (§§ 20, 689);

b) die Bezeichnung des Gerichts, d. h. des für den Erlaß des Zahlungsbefehls zuständigen Amtsgerichts.

Die hierfür entscheidenden Tatsachen müssen daher in dem Gesuch enthalten sein (s. vorstehende Seite 61);

c) die bestimmte Angabe des Betrags oder Gegenstands und des Grundes des Anspruchs.

Es bedarf somit hier der Angabe der Tatsachen, aus denen einmal Fälligkeit, Unbedingtheit und Unabhängigkeit des Anspruchs von einer Gegenleistung (S. 60), andererseits sein sog. Substantiiertsein erhellt.

Die über die Angabe des Klagegrundes aus § 253 [2] entstandenen Streitfragen über Substantiierung oder bloße Individualisierung des Anspruchs bestehen auch hier, sind aber auch hier im Sinne der ersten Alternative zu entscheiden (vgl. RGE. 10 S. 434, 11 S. 242; Gruchots Beitr. 50 S. 1065);

d) das Gesuch um Erlassung des „Zahlungsbefehls"; das letzte Wort muß gebraucht sein, um das Zahlungsbefehlsgesuch als solches vor der Verwechslung mit der amtsgerichtlichen Klage (vgl. S. 9) zu bewahren.

β) **Fakultativ** kann das Zahlungsbefehlsgesuch enthalten:

die Berechnung der Kosten des Gläubigers (§ 692);

den Antrag auf Terminsbestimmung für den Fall der Widerspruchserhebung (§ 696);

den Antrag auf Verweisung an das Landgericht (§ 697 Abs. 1, s. aber S. 71 unter γ).

4.

Die Zurückweisung des Gesuchs um Erlassung des Zahlungsbefehls.

a) **Die Gründe der Zurückweisung** erhellen aus dem vorstehend unter 2 und 3 Dargelegten.

Sie können mithin liegen in dem Ausschluß der Möglichkeit, den Befehl dem Schuldner im deutschen Reichsgebiete (einschließlich der deutschen Schutzgebiete) zuzustellen (vorstehend 2a), in der Art des Anspruchs (vorstehend 2b), in der Unzuständigkeit des angerufenen Gerichts (vorstehend 3a), in den Mängeln des Gesuchs (vorstehend 3b).

b) **Eine Zurückgabe des Gesuchs** durch Zwischenverfügung zur Beseitigung heilbarer Mängel bleibt wie bisher statthaft (vgl. Reincke-Wienstein, A. 1 § 691).

c) **Eine Zurückweisung** hat durch unanfechtbare Verfügung zu erfolgen.

Im preußischen Rechtsgebiete soll jene Verfügung nach § 24 Ziff. 8 d. Geschäftsordn. f—g und ihrer Änderung durch die JMV. v. 29. Januar 1910 (JMBl. 20) regelmäßig auf dem Protokoll oder dem Gesuch niedergeschrieben und in Urschrift „ausgereicht", also dem Gläubiger formlos zugestellt werden.

Eine teilweise Zurückweisung des Gesuchs ist unzulässig, jene hat vielmehr auch dann zu erfolgen, wenn das Gesuch auch nur in Ansehung eines Teils des Anspruchs, also z. B. nur rücksichtlich der Nebenforderungen nicht erlaßbar ist (§ 691 Abs. 2).

Eine solche Zurückweisung soll aber, wie der neue Zusatz der Novelle vom 1. Juni 1909 im Abs. 2 des § 691 („vor der Zurückweisung ist der Gläubiger zu hören") — in Anerkennung der bisherigen Praxis — vorschreibt erst erfolgen, nachdem zuvor dem Antragsteller die Gründe angegeben sind, die einen Teil seines Anspruchs als unbegründet erscheinen lassen. Dem Gläubiger soll dadurch die Gelegenheit gegeben werden, entweder den noch nicht schlüssigen Teil seines Anspruchs zu substantiieren, oder den letzteren entsprechend zu ermäßigen.

Unterbleibt eine dieser Maßnahmen seitens des Gläubigers, so ist das Gesuch nunmehr endgültig und wie bisher unanfechtbar zurückzuweisen.

Jene Zwischenverfügung muß daher für die von dem Gläubiger vorzunehmende Änderung seines Gesuchs eine Frist setzen.

Eine ablehnende Entscheidung ist in jener Zwischenverfügung noch nicht enthalten und deshalb können für dieselbe Kosten aus § 37 Abs. 2 des GKG. nicht zum Ansatz gelangen.

Ausnahmsweise ist eine teilweise Zurückweisung des Gesuchs statthaft, wenn dieses mehrere selbständige Ansprüche betrifft, und nur rücksichtlich eines derselben das Gesuch unstatthaft. Gl. A.: Stein, A. III § 691 unter Hinweis auf § 301. Prozessual liegt hier jedoch eine objektive Gesuchshäufung, analog der objektiver Klagehäufung des § 260, vor, deren Trennung, entsprechend der Schriftlichkeit des Mahnverfahrens, unter analoger Anwendung des § 145 statthaft ist.

5.

Der Zahlungsbefehl.

a) **Der Inhalt:**

α) **wie bisher,** hat der Zahlungsbefehl den im § 692 vorgesehenen Inhalt, mithin zu enthalten: die Parteien nach Namen, Stand oder Gewerbe und Wohnort; den substantiiert, also durch die ihn begründenden Tatsachen (vgl. S. 63) zu bezeichnenden Anspruch nach Gegenstand und Grund; die gerichtlichen Kosten des Verfahrens (siehe §§ 37, 79 Ziff. 1, 80b GKG.); die außergerichtlichen — von ihm angegebenen — Kosten des Gläubigers (s. § 38 GebO. f. Rechtsanw.);

den Befehl an den Schuldner, bei Vermeidung sofortiger Zwangsvollstreckung binnen einer Woche seit Zustellung des Zahlungsbefehls den Gläubiger zu befriedigen oder, wie:

β) **neu** durch die Novelle vom 1. Juni 1909 bestimmt ist, „wenn er Einwendungen gegen den Anspruch habe", bei dem Gericht Widerspruch zu erheben.

Der neue Zusatz ist, wie der Komm.-Ber. (Materialien S. 131) erwähnt, eingefügt, damit:

„durch die neue Fassung der Schuldner darauf hingewiesen werde, daß er Widerspruch nur zu erheben habe, wenn wirklich Einwendungen gegen den Anspruch vorzubringen seien."

b) **Die Zustellung des Zahlungsbefehls an den Schuldner** erfolgt, dem für das amtsgerichtliche Verfahren eingeführten Amtsbetrieb gemäß, von Amts wegen (§ 693 Abs. 1).

Die Urschrift des Zahlungsbefehls bleibt mithin (vgl. auch § 696 Abs. 3) in den Gerichtsakten und eine Ausfertigung desselben (§ 170), nicht eine beglaubigte Abschrift, ist dem Schuldner zuzustellen.

Die Zustellungsurkunde (§ 212) ist dem Gerichtsschreiber von dem Gerichtsdiener oder Postboten zu übersenden und von jenem zu den Akten zu nehmen.

Der Gläubiger ist von dem Eingang der Zustellungsurkunde durch den Gerichtsschreiber ungesäumt zu benachrichtigen[1] (§ 693 Abs. 4).

Eine Vorlegung der Zustellungsurkunde an den Richter hat nicht zu erfolgen; auch dann nicht, wenn die Zustellungsurkunde Mängel der Zustellung erkennen läßt. Es ist dann vielmehr — anders bei der Klage, vgl. S. 12, 13 —, wie sich aus Abs. 4 § 693 ergibt, Amtspflicht des Gerichtsschreibers, die nochmalige ordnungsmäßige Zustellung zu veranlassen.

c) **Die Streitfrage,** ob eine Berichtigung des Zahlungsbefehls bei offenbaren Unrichtigkeiten auch nach seiner Zustellung noch zulässig ist (Busch Zeitschr. 15 S. 75), ist von der Novelle nicht entschieden, aber unbedenklich auf Grund des alten Rechtssatzes in majore minus nach Analogie des § 319 zu bejahen. Gl. A.: Stein A. III zu § 692; Struckmann u. Koch A. 1 § 319.

[1] Samter, Die Änderungen A. 4 § 693, ebenso jetzt Stein A. I 3 § 693. Eine Verpflichtung des Gerichtsschreibers, die Unausführbarkeit der Zustellung dem Gläubiger mitzuteilen, ist in dem Gesetze zwar ausdrücklich nicht enthalten, folgt aber aus dem Begriffe des Amtsbetriebs, für den geordneten und prompten Lauf des Verfahrens Sorge zu tragen. Gl. A., wenn auch ohne nähere Begründung, Stein a. a. O.

d) **Die Wirkung der Zustellung** des Zahlungsbefehls besteht: nach der neuen Vorschrift im Abs. 2 des § 693: wie bei der Klageeinreichung (§ 496 Abs. 3), in einer Fristwahrung und Unterbrechung der Verjährung, die mit dem Zeitpunkt der Einreichung oder Anbringung des Gesuchs um Erlassung des Zahlungsbefehls schon eintritt;

wie bisher erzielt die Zustellung des Zahlungsbefehls die Wirkung der Rechtshängigkeit des Befehlsanspruchs.

Diese Wirkung erlischt:

gemäß § 701 mit fristlosem Ablauf der in diesem Paragraph gedachten sechsmonatigen Frist für die Nachsuchung des Vollstreckungsbefehls;

mit der Zurückweisung des Gesuchs um Erlassung des Vollstreckungsbefehls (§ 701 letzter Satz);

selbstverständlich erlischt die Wirkung der Rechtshängigkeit mit Zurücknahme des Gesuchs um Erlassung des Zahlungsbefehls.

Diese Zurücknahme des Gesuchs um Erlassung des Zahlungsbefehls seitens des Gläubigers ist auch nach Zustellung des Zahlungsbefehls zulässig; dies ist, wie in der Praxis überhaupt nicht, in der Theorie (vgl. auch Stein A. IV § 693) nicht mehr streitig.

Im amtsgerichtlichen Prozesse vollzieht sich jene Zurücknahme durch Einreichung eines Schriftsatzes gemäß § 271, der von Amts wegen dem Schuldner (vgl. S. 14) zuzustellen ist.

Der Schuldner, dem anläßlich der Befehlszustellung bereits Kosten entstanden, z. B. durch Annahme eines Anwalts, der den Widerspruch gegen den Zahlungsbefehl erhoben, kann den Antrag auf Terminsanberaumung und Ladung des Gläubigers gemäß §§ 271 Abs. 3, 496 stellen und durch Urteil die Kostenzahlungspflicht des Gläubigers feststellen lassen.

6.

Der Widerspruch gegen den Zahlungsbefehl.

a) **Der zulässig späteste Zeitpunkt** für die Erhebung des Widerspruchs seitens des Schuldners ist, wie bisher — nicht der Ablauf der einwöchigen Widerspruchsfrist — sondern der Zeitpunkt bis zur Verfügung des Vollstreckungsbefehls (§ 694).

Die bisherige Streitfrage (vgl. Freudenthal A. 4 zu § 694), ob der Widerspruch noch zulässig ist, wenn der Vollstreckungsbefehl zwar unterschrieben, aber jetzt (folgende Ziff. 8) vom Gerichtsschreiber an die Kanzlei noch nicht herausgegeben ist, ist in der Novelle nicht ent=

schieden, aber nach dem Wortlaute des Gesetzes: „solange der Vollstreckungsbefehl nicht verfügt ist" dahin zu entscheiden: mit der Unterfertigung des Vollstreckungsbefehls ist ein Widerspruch gegen den Zahlungsbefehl nicht mehr zulässig, sondern nur noch der Einspruch gegen den Vollstreckungsbefehl.

b) **Die Form des Widerspruchs** ist die der schriftlichen Erklärung oder der mündlichen Anbringung bei dem Gerichtsschreiber, die einer protokollarischen Aufnahme nicht bedarf (§ 702).

Im preußischen Rechtsgebiete ist im letzteren Falle durch § 24 Ziff. 2 d. Geschäftsordn. f. Gerichtsschr. nur die Eintragung des Widerspruchs im Mahnregister vorgeschrieben; dagegen ist dem Schuldner auf sein Verlangen eine Bescheinigung über seinen Widerspruch vom Gerichtsschreiber zu erteilen (§ 24 Ziff. 3 a. a. O.).

Ein Vertreter des Schuldners bedarf zur Erhebung des Widerspruchs keiner Vollmacht (§ 703); wohl aber zum schriftlichen Verweisungsantrag aus § 697 Abs. 2.

c) **Die Wirkung des Widerspruchs,** er mag gegen den ganzen Anspruch oder gegen einen Teil desselben sich richten, ist eine verschiedene:

α) einflußlos bleibt der Widerspruch für die mit Zustellung des Zahlungsbefehls eingetretene Rechtshängigkeit des Befehlsanspruchs § 695;

β) von rechtlicher Wirkung bleibt der Zahlungsbefehl trotz des erhobenen Widerspruchs; ferner:

αα) in formeller Richtung insofern, als das Versäumnis- oder Anerkenntnisurteil, das in dem nach erhobenem Widerspruch anhängig gewordenen Verfahren ergeht, gemäß § 313 Abs. 4 auf den Zahlungsbefehl — wie im gewöhnlichen Verfahren auf die Klageschrift — gesetzt werden kann; und daß ferner bei der Ausfertigung jener abgekürzten Urteile — wie im ordentlichen Verfahren eine beglaubigte Abschrift der Klage — so eine beglaubigte Abschrift des Zahlungsbefehls benutzt werden kann[1] (§ 696 Abs. 3);

ββ) in materieller Richtung aber bleibt der Zahlungsbefehl nach erhobenem Widerspruch von entscheidender Wirkung insofern, als der zugestellte Zahlungsbefehl zusammen mit der rechtzeitigen Erhebung eines Widerspruchs nach den Änderungen der §§ 696 und 697 die Rechtswirkung schafft,

daß bei dem Amtsgericht eine Klage den Anspruch des Zahlungs-

[1] Gl. A.: Struckmann u. Koch A. 4 § 317. A. M.: Stein A. IV zu § 696, angesichts der klaren Bestimmung des Abs. 3 des § 696 aber ohne ausreichenden Grund.

befehls betreffend als erhoben gilt, gleichviel ob für den Anspruch das Amtsgericht oder das Landgericht zuständig ist[1] (s. folg. Ziff. 7).

γ) seine Kraft aber verliert der Zahlungsbefehl in dem Sinne, daß derselbe die Verfügung des Vollstreckungsbefehls infolge des Widerspruchs hindert.

d) **Der erhobene Widerspruch,** sofern er rechtzeitig erhoben ist, ist dem Gläubiger formlos mitzuteilen (§ 694 Abs. 2); der nicht rechtzeitg erhobene Widerspruch erfordert weder eine Mitteilung an die Parteien noch eine Zurückweisung gegenüber dem Schuldner (§ 694 Abs. 3).

Der Vollstreckungsbefehl ist vielmehr einfach zu erteilen (vgl. Reincke=Wienstein, A. II § 694).

e) **Die Zurücknahme des Widerspruchs** ist zulässig und läßt den Zahlungsbefehl wieder vollwirksam werden. Der rechtsanaloge Inhalt der Vorschrift der §§ 346, 515, 566 spricht hierfür; so auch jetzt die herrschende Ansicht Stein A. 1 zu § 695; Neukamp § 694 2 b und schon für den alten § 635, Foerster A. 3 § 635.

7.

Die Verhandlung nach erhobenem Widerspruch:

hat zur Voraussetzung einen:

a) **Antrag** auf Bestimmung zur mündlichen Verhandlung.

Die Erlassung eines Zahlungsbefehls und die Erhebung eines Widerspruchs gegen denselben bewirken nach § 696 Abs. 1 ex fictione legis dieser Vorschrift, daß eine Klage über den Anspruch des Zahlungsbefehls mit Zustellung des letzteren als bei dem Amtsgericht erhoben anzusehen ist, das Amtsgericht mag örtlich oder sachlich zuständig oder unzuständig sein.

Dem Prinzip des Amtsbetriebs gemäß wäre daher mit Eingang des Widerspruchs Verhandlungstermin von Amts wegen anzusetzen; die Begründung (Materialien S. 26) erwägt aber, daß:

„wie die Erfahrung zeigt, der Gläubiger häufig von weiterer Verfolgung absieht, weil er den Zahlungsbefehl zunächst nur versuchsweise als Mittel, um den Schuldner zur Befriedigung der Forderung zu veranlassen, oder um die Verjährung zu unterbrechen, anwenden wollte".

Aus diesem Grunde bestimmt § 696 Abs. 2, daß die Anberau=

---

[1] Über den Unterschied zwischen den bisherigen §§ 696, 697 und den neuen vgl. Samter, Die Änderungen S. 72.

mung eines Verhandlungstermins nur auf Antrag zu erfolgen hat. Dieser kann gestellt werden:

vom Gläubiger: um zwar schon im Gesuch um Erlassung des Zahlungsbefehls (§ 696 Abs. 2); vom Schuldner: unbedenklich in Verbindung mit dem Widerspruch.

Der Antrag, der statt schriftlich bei dem Gerichtsschreiber angebracht wird, bedarf — anders wie bei dem Widerspruch — der protokollarischen Feststellung und, falls er von einem Vertreter ausgeht, der Beibringung einer Vollmacht (§ 702).

b) **Der amtsgerichtliche Amtsbetrieb** hat mit Stellung des Antrags, wie im gewöhnlichen Verfahren nach Klagerhebung, einzugreifen.

Die Ladungen erfolgen daher von Amts wegen (vgl. S. 12). Das Amtsgericht ist berechtigt, vor der mündlichen Verhandlung Anordnungen aus § 501 zu treffen (vgl. S. 16).

c) **Der Gang der mündlichen Verhandlung bleibt:**

α) **im allgemeinen** übereinstimmend mit dem Verhandlungsgang nach Klagerhebung.

Hervorgehoben sei nur:

αα) **Die substantiierte** (S. 63) **Bezeichnung des Anspruchs des Zahlungsbefehls** tritt mit den übrigen Angaben desselben (S. 62) an die Stelle des Klagevortrags.

Jene Bezeichnung ist daher maßgebend für die Zulässigkeit einer Klagänderung (§ 264), der Erlassung eines Versäumnisurteils (§ 335 Ziff. 3); die Vorschrift dieser Ziffer 3 des § 335 kann insbesondere anwendbar werden, wenn der Wohnort des Schuldners vor Zustellung des Zahlungsbefehls sich geändert, die Zuständigkeit des Amtsgerichts zur Erlassung des Befehls aber auf Grund einer der anderen Voraussetzungen des § 689 z. B., weil der Erfüllungsort im Amtsgerichtsbezirk liegt, begründet bleibt.

ββ) **Der Rechtshängigkeits-Zeitpunkt** ist zwar der Zeitpunkt der Zustellung des Zahlungsbefehls (§ 693 Abs. 2), Fristwahrung und Verjährungsunterbrechung sind aber bereits mit Einreichung oder Anbringung des Gesuchs um Erlassung des Zahlungsbefehls eingetreten (§ 693 Abs. 3 entsprechend § 496 Abs. 3).

β) **Eine besondere,** vom ordentlichen Verfahren der §§ 505, 506 nur unbedeutend abweichende Regelung bringt hier der § 697.

Hiernach sind, sobald der Einwand der Unzuständigkeit rechtzeitig (§ 504) erhoben, folgende Fälle zu unterscheiden:

αα) **Das Amtsgericht ist örtlich unzuständig,** dann ist § 505 anzuwenden (S. 23), also:

der Rechtsstreit ist an das zuständige Gericht durch Beschluß zu verweisen:

auf Antrag nur des Klägers, — nicht auch des Beklagten — sofern die Möglichkeit, das zuständige Gericht zu bestimmen, sogleich vorliegt;

der Zahlungsbefehlsanspruch ist aber durch Urteil abzuweisen: sofern der Kläger den Antrag nicht stellt, oder die Möglichkeit der sofortigen Bestimmbarkeit des zuständigen Gerichts nicht vorliegt oder ein anderes Amtsgericht ausschließlich zuständig ist. A. M.: Stein A. II § 505, vgl. S. 24.

ββ) **Das Amtsgericht ist von vornherein sachlich unzuständig;** dann ist nach § 505 in Verbindung mit § 697 zu unterscheiden:

a) ist an Stelle des Amtsgerichts sachlich ein diesem nicht übergeordnetes Landgericht zuständig, dann ist gemäß § 505 eine Verweisung durch Beschluß oder Abweisung durch Urteil wie vorstehend unter *αα)* auszusprechen;

b) ist an Stelle des Amtsgerichts sachlich das diesem übergeordnete Landgericht zuständig, dann ist gemäß § 697 zu verfahren, der aber vom § 505 nur in drei Punkten abweicht:

der Antrag auf Verweisung kann nicht nur vom Kläger, sondern auch vom Beklagten gestellt werden;

der Verweisungsantrag kann schriftlich vom Gläubiger im Antrag um Erlassung des Zahlungsbefehls, vom Schuldner in der Widerspruchserklärung gestellt wurde. In diesem Falle kann sogar eine Verweisung an das Landgericht ohne mündliche Verhandlung durch Beschluß erfolgen (Ausnahmen nachfolgend unter *γ* S. 71).

Die bis zur Verweisung entstandenen Kosten trägt nicht der Gläubiger, der ja zunächst gemäß § 689 zu Recht das Amtsgericht um Erlassung des Zahlungsbefehls angegangen hat, sondern die in der Hauptsache unterliegende Partei gemäß § 91, 698.

Ein Urteil ist aber — anstatt eines Verweisungsbeschlusses an das übergeordnete Landgericht — auch hier (wie im vorstehenden Falle *αα)* zu erlassen, und zwar auf Abweisung des Zahlungsbefehlsanspruchs, falls das dem angerufenen Amtsgericht übergeordnete Landgericht sachlich ausschließlich (§ 70 Abs. 2, 3 GVG.) zuständig ist (vgl. S. 23, 24).

γγ) **Das Amtsgericht ist zunächst sachlich zuständig,** wird aber unzuständig infolge Widerklage, Klagerweiterung oder Inzidentfeststellungsantrag, dann ist auch hier nur § 506 anwendbar und nach diesem zu verfahren; also auf Antrag jeder Partei ist die Verweisung des Rechtsstreits an das Landgericht zulässig (vgl. S. 25).

γ) **Der bereits erwähnte Antrag** auf Verweisung an das zuständige Gericht kann hier zwar — wie bereits S. 63 erwähnt — vom Gläubiger schon im Zahlungsbefehlsgesuch, vom Schuldner in der Widerspruchserklärung gestellt werden und dann zu einem Verweisungsbeschluß ohne mündliche Verhandlung führen (§ 697 Abs. 2).

Mündliche Verhandlung ist aber trotz der schriftlichen Verweisungsantrags anzusetzen:

sofern das Amtsgericht örtlich unzuständig ist, denn in diesem Falle ist hier nur § 505 anwendbar (vorstehend $\beta\alpha\alpha$);[1]

sofern das Amtsgericht örtlich und sachlich unzuständig und mithin ein nicht übergeordnetes Landgericht zuständig ist (vorstehend $\beta^{\beta\beta a}$ S. 70);

endlich wenn zwar das Amtsgericht sachlich unzuständig und das übergeordnete Landgericht sachlich zuständig, aber ausschließlich zuständig ist; denn in diesem Falle (vorstehend $\beta^{\beta\beta b}$ S. 70) hat eben nicht eine Verweisung, sondern eine Abweisung des Anspruchs durch Urteil zu erfolgen.[2]

8.

Der Vollstreckungsbefehl und der Einspruch.

A. **Durch die Novelle vom 1. Juni 1909 sind unberührt geblieben** die Vorschriften der §§ 699 Satz 1, 701, 702.

a) **Das Gesuch** des Gläubigers um vorläufige Vollstreckbarkeitserklärung des Zahlungsbefehls durch einen „auf den Zahlungsbefehl zu setzenden Vollstreckungsbefehl" kann wie bisher schriftlich eingereicht oder bei dem Gerichtsschreiber angebracht werden, ohne daß es im letzten Fall einer protokollarischen Feststellung bedarf (§ 702). Ein Vertreter hat mit jenem Gesuch Vollmacht einzureichen (§ 703).

Das Gesuch kann sich darauf beschränken, Erteilung des Vollstreckungsbefehls nur rücksichtlich eines Teiles des Zahlungsbefehlsanspruchs zu beantragen.

b) **Die Voraussetzungen des Vollstreckungsbefehls** sind wie vor der Novelle vom 1. Juni 1909.

---

[1] Gl. A.: Stein A. V § 697.

[2] Stein verneint dies in A. III 1 zu § 697, gestützt auf die hier nicht entscheidende Begründung (Materialien S. 27). Struckmann u. Koch A. 2 § 697, vertreten hier eine kaum konstruierbare Mittelansicht dahin: „Wird ein solcher Antrag (auf Verweisung) in einem Falle ausschließlicher Zuständigkeit des Landgerichts (GVG. § 70 Abs. 2—3) nicht gestellt, so ist die Klage abzuweisen."

Der Schuldner muß die Erhebung des Widerspruchs bis zu dem Zeitpunkt der Absetzung des Vollstreckungsbefehls unterlassen haben (§ 699).

Eine Frist von 6 Monaten, beginnend 1 Woche nach Zustellung des Zahlungsbefehls, darf nicht verstrichen sein (§ 701).

B. **Die Änderungen der Novelle vom 1. Juni 1909 betreffen zuvörderst:**

a) **Die Erteilung des Vollstreckungsbefehls.** Dieser ist nach § 699 Abs. 1 Satz 2 nunmehr — von den Ausnahmen unter b abgesehen — von dem Gerichtsschreiber zu erlassen. Der Gerichtsschreiber darf die Erteilung des Vollstreckungsbefehls nicht ablehnen, hat vielmehr, sofern er den Erlaß desselben für unzulässig oder auch nur für nicht bedenkenfrei erachtet, die Entscheidung des Amtsrichters durch Vorlegung des Gesuchs zu veranlassen.

Diese Entscheidung ist:[1]

α) **eine Verfügung:** wenn das Gericht das Gesuch für begründet, den Vollstreckungsbefehl mithin als erlaßbar erachtet. Diese Verfügung (Materialien S. 28) ist in Form einer Anweisung auf Erteilung des Vollstreckungsbefehls zu erlassen; sie bedarf, da sie ein Internum des Gerichts ist, weder der Begründung noch der Zustellung an die Parteien.

β) **ein Beschluß:** wenn der Amtsrichter das Gesuch für unbegründet erachtet und deshalb zurückweist.

Dieser Beschluß ist nicht nur dem Gläubiger, sondern auch dem Schuldner zuzustellen, wie § 329 Abs. 3 und die sogar materiellrechtliche Vorschrift des § 701 letzter Satz zeigen.[2]

b) **Die Erteilung des Vollstreckungsbefehls durch den Gerichtsschreiber ist ausgeschlossen** und nur durch den Amtsrichter zulässig, sofern der Vollstreckungsbefehl anstatt von dem Gläubiger von einer anderen Person, die an Stelle desselben in das Verfahren gemäß §§ 239 u. f., 265 (mit Zustimmung des Schuldners) eingetreten, begehrt wird.

Stein A. III § 699 hält auch in diesen Fällen den Gerichtsschreiber für berechtigt, den Vollstreckungsbefehl zu erteilen.

---

[1] Vgl. Samter, Die Änderungen A. 4 § 699.

[2] Struckmann u. Koch A. 7 § 699 erwähnen nur die Zustellung der ablehnenden Entscheidung an den Gläubiger; ebenso Stein A. III § 699 mit dem Zusatze, die Zustellung an den Schuldner sei nicht erforderlich: „da er in diesem Stadium des Verfahrens keine aktive Rolle hat“; das Gegenteil ergibt schon der erste Satz des § 699, der den Widerspruch des Schuldners erst mit Erteilung des Vollstreckungsbefehls ausschließt.

Die Begründung (Materialien S. 27) ergibt aber, daß die Prüfung und Entscheidung des Gerichtsschreibers hier nur in dem Umfange zu erfolgen hat: „als die Prüfung der Anträge auf Erteilung einer vollstreckbaren Urteilsausfertigung, über welche schon nach den §§ 714 u. f. der Gerichtsschreiber der Regel nach selbständig zu befinden hat." Über eine solche Prüfung aber geht die Entscheidung, daß an Stelle des Gläubigers des Gesuchs um Erlassung des Zahlungsbefehls ein anderer rechtsgültig getreten, weit hinaus.

c) **Die nach § 796 erforderliche Erteilung einer Vollstreckungsklausel** auf einem Vollstreckungsbefehl ist selbstverständlich nur auf Anordnung des Amtsrichters zulässig.

Die Begründung spricht (Materialien S. 28) jenes in zweifelfreier Klarheit und Bestimmtheit dahin aus:

„Es verbleibt dabei, daß, falls für einen anderen als den im Vollstreckungsbefehl bezeichneten Gläubiger oder gegen einen anderen als den im Vollstreckungsbefehl bezeichneten Schuldner vollstreckt werden soll, der Gerichtsschreiber die in diesen Fällen erforderliche vollstreckbare Ausfertigung des Vollstreckungsbefehls nur auf Antrag des Gerichts erteilen darf."

d) **Die rechtliche Natur des Vollstreckungsbefehls** ist — wie wohl derselbe jetzt von dem Gerichtsschreiber erlassen wird — wie bisher durch § 700 dahin bestimmt, daß der letztere „einem für vorläufig vollstreckbar erklärten, auf Versäumnis erlassenen Endurteil gleichsteht." Als solches, im amtsgerichtlichen Verfahren, nach vorangegangenem Zahlungsbefehl erlassen, untersteht der Vollstreckungsbefehl:

einerseits den allgemeinen Vorschriften der §§ 338 u. f.,

andererseits den besonderen Vorschriften der §§ 505, 506, 508 Abs. 2 und 697.

Es ergibt sich hieraus insbesondere:

Mit der Zustellung des Vollstreckungsbefehls gilt gemäß § 508 der Gerichtsschreiber ex lege von dem Gläubiger als bevollmächtigt, sofern dieser nicht ausdrücklich erklärt, daß er selbst einen Gerichtsvollzieher mit der Zustellung beauftragen werde.

Die Einspruchsfrist ist die einwöchige Notfrist des § 508 Abs. 2, die mit Zustellung des Vollstreckungsbefehls zu laufen beginnt.

Der Einspruch wird durch Einreichung einer Einspruchsschrift oder durch Erklärung zu Protokoll des Gerichtsschreibers erhoben (S. 52).

Die Anberaumung des Termins zur mündlichen Verhandlung und die Ladung der Parteien hat von Amts wegen zu erfolgen.

Bei Nichterscheinen des Klägers im Termin ist gemäß §§ 330, 343 unter Aufhebung der Entscheidung in dem Vollstreckungsbefehl der Anspruch des Klägers abzuweisen.

Bei Nichterscheinen des Beklagten ist der Einspruch desselben gemäß § 345 zu verwerfen.[1]

Die streitige Verhandlung steht prozeßrechtlich vollständig derjenigen gleich, die im gewöhnlichen Verfahren nach Klagerhebung, Erlassung eines Versäumnisurteils und Erhebung eines Einspruchs stattfindet.

Es sind daher auch hier die S. 54—55, 69 besprochenen Entscheidungen möglich bzw. zu erlassen, je nachdem:

der Einspruch unzulässig ist, oder:

der Einspruch zulässig ist;

endlich Verweisungsanträge aus §§ 505, 506 S. 54—56, 69 und § 697 S. 70, 71 gestellt werden.

Nicht wie Stein A. III 4 § 700 meint „überflüssiger=", sondern fürsorglicherweise — um jeden Zweifel zur beseitigen — hebt hier der § 700 in Wiederholung des § 508 Abs. 3 hervor: Wird ein Antrag auf Verweisung an das dem Amtsgericht übergeordnete, sachlich zuständige Landgericht aus § 697 gestellt, so liegt auch in diesem Falle dem Amtsgericht die Prüfung der Zulässigkeit des Einspruchs ob.

Verneint das Amtsgericht die Einspruchszulässigkeit, so hat es auch in diesem Falle den Einspruch durch Urteil als unzulässig zu verwerfen.

Bejaht das Amtsgericht die Zulässigkeit des Einspruchs, dann hat es durch Verweisungsbeschluß, mit seiner Unzuständigkeitserklärung, den Rechtsstreit an das zuständige Landgericht zu verweisen. Auch hier ist in dem Verweisungsbeschluß zugleich implicite die Entscheidung enthalten, daß der Einspruch zulässig (s. S. 54), und auch hier ist das Landgericht, ob schon es das dem Amtsgericht übergeordnete Gericht ist, an jenen Beschluß unanfechtbar gebunden (vgl. S. 55 Anm. 1!).

---

[1] Die herrschende Ansicht hält in diesem Falle auf Grund des § 345 einen ferneren Einspruch des Beklagten für unzulässig und gewährt diesem nur noch die Berufung nach Maßgabe des § 513 Abs. 2 (so schon Foerster, A. 4 zu § 640 alte Fassung) und jetzt u. a. Reincke=Wienstein, A. II § 700; Stein A. III § 700. Es ist nicht zu verkennen, daß die Fassung des § 700 diese Ansicht rechtfertigt. Immerhin aber besteht doch der Unterschied, daß in dem gewöhnlichen Versäumnisurteilsfall Beklagter bereits in einer Verhandlung säumig gewesen und die erneut auf den Einspruch anberaumte Verhandlung wieder versäumt, während vorliegend nur ein Termin, nämlich der Einspruchstermin nach erlassenem Vollstreckungsbefehl, versäumt ist!

e) **Die Nichtzustellung des Vollstreckungsbefehls von seiten des Gläubigers** verhindert den Schuldner nicht, gegen den — nicht zugestellten — Vollstreckungsbefehl Einspruch zu erheben. Dies erhellt aus § 700 Satz 1 in Verbindung mit § 338. A. M. ist hier anscheinend Stein A. III § 701, wie aus seiner an sich zutreffenden Bemerkung hervorzugehen scheint, daß „der Schuldner kein Mittel hat, die Einspruchsfrist in den Lauf zu setzen".

Paragraph 8.

Das Kostenfestsetzungsverfahren.

Nach den Änderungen, welche die Novelle vom 1. Juni 1909 in den §§ 103—107 vorgenommen, gestaltet sich das Kostenfestsetzungsverfahren wie folgt.

1.

Das Gesuch.

a) **Die Form des Gesuchs** ist die der schriftlichen Eingabe oder der Erklärung zu Protokoll vor dem Gerichtsschreiber.

Letzteres ergibt sich aus den Worten des Abs. 2 des § 103: Das Gesuch ist „bei dem Gerichtsschreiber anzubringen"[1] und aus der ausdrücklichen Erklärung der Begründung (Materialien S. 11) „es kann auch vor dem Gerichtsschreiber zu Protokoll erklärt werden".

Die Anlagen des Gesuchs sind wie bisher: die Kostenberechnung, die Abschrift derselben zur Mitteilung an den Gegner, die Belege zur Rechtfertigung der einzelnen Ansätze.

Die Nichtbeifügung der Abschrift der Kostenberechnung kann nicht mehr, wie bisher, die Ablehnung des Gesuchs „zurzeit" rechtfertigen; es ist vielmehr in jenem Falle die Abschrift von dem Gerichtsschreiber anzufertigen (§ 79 Nr. 1 GKGes.). Schreibgebührenpflichtig, und zwar ohne Erstattungsberechtigung gegenüber dem Gegner, ist der Antragsteller, sofern ein Anwalt desselben als Prozeßbevollmächtigter aufgetreten ist, der nach § 76 d. GebO. f. R. auch für die Herstellung jener Abschrift durch die Pauschsätze des § 76 abgegolten ist.

Die Beifügung der Belege wird seitens eines Anwalts durch

[1] Samter, Die Änderungen A. 1 § 103.

die Einreichung seiner Handakten regelmäßig ausreichend vorgenommen sein. Eine Angabe der Seitenzahlen der letzteren, die bisher in der Praxis erfordert wurde, da die einzelnen Schriftstücke einzelne Kopialansätze entstehen ließen, wird fortan, nach Festsetzung der Pauschsätze im § 76 d. GebO. f. R. nur ausnahmsweise nötig sein.

b) **Ein besonderes Gesuch um Kostenfestsetzung ist nicht erforderlich,** gilt vielmehr als implicite gestellt, wenn eine Einreichung der Kostenberechnung gemäß § 105 Abs. 2 vor der Verkündung des Urteils erfolgt.

Der Kostenberechnung müssen auch in diesem Falle die Belege beigefügt werden, dagegen ist die Beifügung der Abschrift der Kostenberechnung nicht erforderlich, jene wird vielmehr von Amts wegen gefertigt und zwar kostenfrei.

Letzteres ist in der Praxis bereits zweifelhaft geworden, ist aber nach der unzweideutigen Erklärung in der Begründung zu § 79 GKG. (Materialien S. 38):

> „Hat die Partei vor Verkündung des Urteils ihre Kostenberechnung eingereicht, so ist sie gemäß § 105 Abs. 2 von der Beifügung einer Abschrift befreit, und es wird die erforderliche Abschrift von Amts wegen angefertigt, in diesem Falle sind der Partei Schreibgebühren nicht in Rechnung zu stellen"

ganz zweifelsfrei.

Ein nachträgliches Gesuch ist aber erforderlich und einzureichen, wenn das nach Einreichung der Kostenberechnung verkündete Urteil die Prozeßkosten nach Quoten verteilt (§ 106 Abs. 1 letzter Satz).

c) **Die Vorbedingung des Gesuchs** ist, wie bisher: „ein zur Zwangsvollstreckung geeigneter Titel".

Einen solchen Titel stellt das rechtskräftige Urteil, das vorläufig vollstreckbare Urteil dar, sowie jeder der im § 794 gedachte Titel.

Die hier bestehenden Zweifel und Streitfragen sind durch die Novelle nicht entschieden worden.

Die nur gegen Sicherheitsleistung für vorläufig vollstreckbaren Urteile, sowie diejenigen Urteile, welche die Abwendung der Zwangsvollstreckung gegen Sicherheitsleistung gestatten, sind zur sofortigen Kostenfestsetzung ganz unbedenklich geeignet.

Die Kostenfestsetzungen haben aber — wie jene sie begründenden Urteile — die ebengedachten Vollstreckungsbeschränkungen gleichfalls zu enthalten.

Indessen ist die Sicherheitsleistung in solchen Kostenfestsetzungen — selbstverständlich nunmehr von dem Gerichtsschreiber, siehe folgende Ziff. 2 — entsprechend der in ihnen enthaltenen, festgesetzten Summen zu beziffern; denn nur die Kostenfestsetzungs-Summen, nicht die Urteilshauptsummen sollen ja neben den letzteren gegen Sicherheitsleistung zur Beitreibung bzw. einstweilen nicht zur Beitreibung gelangen. Gl. A.: Stein A. II zu § 103.

Die vorherige Erteilung einer Vollstreckungsklausel auf den vorgedachten Titeln ist für die Kostenerstattung nicht erforderlich, vielmehr nur ausnahmsweise in den Fällen der §§ 727, 730, 738, 742, 744, 745, 749 hier geboten.

In diesen Ausnahmefällen realisiert die Klausel nicht nur die Bedingung des Zwangsvollstreckungsbeginns, sondern erschafft erst die Aktiv- und Passivlegitimation des Gläubigers wie des Schuldners. Gl. A.: Stein A. II 2 zu § 103, s. auch Falkmann-Mugdan 13 S. 113.

Ein nur über den Kostenpunkt entscheidendes Urteil des § 99 Abs. 3 ist, wenn es auch die vorläufige Vollstreckbarkeitserklärung nicht enthält, ein zur Zwangsvollstreckung geeigneter Titel. Dies ist in der Praxis noch immer zweifelhaft, aber nach § 99 Abs. 3 in Verbindung mit § 794 Ziff. 3 zweifelfrei.

Ein Beschluß über Anordnung eines Arrests oder einer einstweiligen Verfügung, der zugleich die entstandenen Kosten dem Arrestgegner zur Last legt (was an sich freilich nicht bedenkenfrei, Busch Zeitschr. VI 535, VII 324) ist gleichfalls ein geeigneter Titel im Sinne des § 106 Abs. 1 (vgl. Reincke-Wienstein, A. II § 922).

Dasselbe gilt von dem Urteil auf Anordnung eines Arrests oder einer einstweiligen Verfügung, sofern jenes eine Kostenentscheidung enthält.

2.

Die Entscheidung über das Festsetzungsgesuch.

Die Entscheidung über das Festsetzungsgesuch — auch im nichtamtsgerichtlichen Prozeß — hat die Novelle vom 1. Juni 1909 durch den geänderten § 104 dem Gerichtsschreiber übertragen.

a) **Die Stellung des Gerichtsschreibers,** deren rechtlicher Charakter für den Umfang seiner Befugnisse entscheidend, ist hier streitig.

Stein A. I § 104 nimmt an, „der Gerichtsschreiber übe hier eine richterliche Funktion aus, und nehme deshalb insoweit an der Unabhängigkeit der Gerichte nach § 1 GVG. teil; es könnten daher insoweit dem Gerichtsschreiber bindende Anweisungen weder von den Organen der Justizverwaltung noch von dem Vorsitzenden des Gerichts bzw. dem Amtsrichter erteilt werden".

Diese Ansicht ist nach den §§ 2—4 des GVG., wie nach der Begründung unrichtig.

Die §§ 2—4 a. a. O. zeigen, daß „richterliche Funktionen" nur von denjenigen ausgeübt werden können, die die Voraussetzungen jener Paragraphen erfüllt haben.

Die Begründung (Materialien S. 11):

„Es handelt sich bei der Festsetzung im wesentlichen um eine gleiche Tätigkeit, wie bei der Berechnung der Gerichtskosten, welche schon jetzt der Gerichtsschreiber selbständig vorzunehmen hat"

aber erweist, daß durch die neue Vorschrift des § 104 die Rechtsstellung des Gerichtsschreibers bei der Kostenfestsetzung aus § 104 nicht geändert ist.

Wie bisher die Gerichtskosten-Berechnung und -Festsetzung dem Gerichtsschreiber oblag und zu einer Zwangsvollstreckung führte, so nunmehr auch die Kostenfestsetzung; da aber bei ersterer Funktion bisher unstreitig der Gerichtsschreiber jeder richterlichen Stellung entkleidet ist, so muß dieses folgerichtig nunmehr auch bei der zweiten neuen, der alten a legislatore gleichgestellten, Funktion nach § 104 gelten.

Hieraus ergibt sich:

Generelle Anweisungen der Justizverwaltung und auch des Amtsrichters für die Kostenfestsetzung des Gerichtsschreibers sind zulässig.

Nur im Einzelfalle einer konkreten Kostenfestsetzung ist der Gerichtsschreiber zu selbständiger Entscheidung berufen.

Und insbesondere darf der Amtsrichter, soweit er die Erinnerungsinstanz für die Entscheidung des Gerichtsschreibers ist (s. folg. Seite 84), nicht vorher in diese eingreifen; selbst nicht einmal belehrend auf Ansuchen des Gerichtsschreibers,[1] wenn der Amtsrichter die Gefahr der Ablehnung wegen Befangenheit bei eingelegter Erinnerung vermeiden will.

b) **Die Prüfung und Feststellung des Gerichtsschreibers** hat zu betreffen:

α) die Vorbedingung des Gesuchs: also das Vorliegen eines vollstreckbaren Titels, aus dem die Aktivlegitimation des Gesuchstellers die Passivlegitimation des Gesuchgegners zu erhellen hat (vorstehend 1 c S. 76);

---

[1] Dies hält Stein — in unerklärlichem Widerspruch mit seiner Annahme einer richterlichen Funktion des Gerichtsschreibers — A. I § 104 für zulässig.

β) die Glaubhaftmachung der Ansätze: welche § 104 Abs. 2 vorschreibt. Hierbei bedarf es nicht stets der Versicherung an Eides-statt (§ 294); es können vielmehr auch einfache schriftliche Versicherungen genügen (RG. 50 S. 360); solche sind implicite in üblichen, nach den Umständen ursächlich wahrscheinlichen Angaben in den Handakten der Rechtsanwälte enthalten.

γ) Die Eigenschaft der in Ansatz gebrachten Kosten: ist daraufhin zu prüfen: ob

einmal überhaupt „Kosten des Rechtsstreits" gefordert werden. Zu diesen sind, wie bisher, Gebühren für eine Ratserteilung vor Klagezustellung (§ 47 GebO. f. R.), Kosten der Mahnungen vor letztem Zeitpunkt nicht zu rechnen. Im übrigen siehe hier die sehr dankbare Aufstellung bei Falkmann-Mugdan 3 S. 433!

ferner, ob die angesetzten Kosten zur zweckentsprechenden Rechtsverfolgung oder Rechtsverteidigung notwendig waren. Die Zweifelfragen über Erstattung von Reisekosten (RGE. 51 S. 12, 15 S. 402) sind durch die Novelle vom 1. Juni 1909 unberührt geblieben.

Nicht zu übersehen ist hier, daß bei Anrufung eines von vornherein örtlich oder sachlich unzuständigen Gerichts durch Klage und Verweisung des Rechtsstreits an das zuständige Gericht aus § 505 die dadurch entstandenen Mehrkosten nach Abs. 3 letzter Satz des § 505 stets den Kläger treffen.

Ist in dem Urteil des Gerichts, an das verwiesen worden, eine Feststellung aus § 505 Abs. 3 letzter Satz übersehen, so ist dies hier für die Kostenerstattung aus § 91 unerheblich und jene Vorschrift eben ipso jure maßgebend.

Dagegen fallen sämtliche Prozeßkosten der schließlich unterliegenden Partei zur Last, wenn eine Rechtsstreitsverweisung gemäß § 506 (s. S. 25) ausgesprochen wird, also weil das angerufene Gericht erst infolge Klagerweiterung, Widerklage oder Inzidentfeststellungsklage unzuständig geworden ist.

Und endlich ist hier zu berücksichtigen, daß bei einer Verweisung eines Rechtsstreits nach vorausgegangenem Zahlungsbefehl und Widerspruch an das übergeordnete (s. S. 70 unter $\beta\beta$ aber auch $\gamma\gamma$) Landgericht gleichfalls sämtliche Prozeßkosten nur der unterliegenden Partei nach § 697 Abs. 1 bz. § 506 zur Last fallen.

Im übrigen siehe die neugefaßten §§ 30 d. GerKostGes. und 26 d. GebOrdn. f. R.

δ) Der Prüfung und Entscheidung sind aber hier — wie bisher — entzogen materiell-rechtliche Fragen, welche gegenüber der Prozeßkostenentscheidung im Urteil und der daraus entspringenden Kostenerstattungspflicht eine Beseitigung oder Beschränkung derselben betreffen, wie z. B. die Einrede der Zahlung oder des Erlasses.

Derartige Einreden hindern den Erlaß der Kostenfestsetzung-Entscheidung nicht, müssen vielmehr in der darauf folgenden Zwangsvollstreckungsinstanz nach Maßgabe des § 775 Ziff. 4, 5 oder durch die Einwandsklage des § 767 geltend gemacht werden.

Dies war bisher streitig (vgl. RG. 62 S. 188), kann jetzt aber nach Übertragung der Kostenfestsetzung an den Gerichtsschreiber nicht mehr zweifelhaft sein. Gl. A.: Reincke-Wienstein A. § 105; Stein A. II 5 § 104.

ε) In den seltenen Fällen einer erforderlichen Beweisaufnahme hat der Gerichtsschreiber, wie die Begründung besagt, „die Anordnungen selbständig zu erlassen".

Diese Anordnungen können, da der Tätigkeit des Gerichtsschreibers jede richterliche Funktion mangelt (vorstehend S. 77), nur einer Beweisaufnahme ähnliche sein.

Ladungen gemäß § 377 Ziff. 3, Vereidigungen von Zeugen, oder Abnahme von Parteieiden sind dem Gerichtsschreiber nicht gestattet.[1]

c) **Die Streitswertsfestsetzungen,** die für die Kostenfestsetzung erforderlich werden, darf der Gerichtsschreiber wie bisher nicht vornehmen; diese Festsetzungen sind vielmehr — nötigenfalls auf Anregung des Gerichtsschreibers — von dem Amtsrichter gemäß § 3 ZPO. und § 16 GKG. zu treffen.

d) **Die Festsetzung bei quotenmäßiger Verteilung**[2] der Prozeßkosten im Urteil erfordert im amtsgerichtlichen Verfahren[3] einfache Einreichung eines Festsetzungsgesuchs einer Partei. Der Gerichtsschreiber hat den Gegner zur Einreichung seiner zu berechnenden Kosten binnen einwöchiger Frist aufzufordern. Nach Einreichung dieser Kostenberechnung hat, wie bisher, die Ausgleichung und Festsetzung der zu erstattenden Summe seitens einer Partei in einer Entscheidung zu erfolgen, die inhaltlich zwei Entscheidungen enthält, die voneinander unabhängig rechtskräftig werden können (RG. 33 S. 391).

Die Nichteinreichung der gegnerischen Kostenberechnung bewirkt die einseitige Festsetzung der Kosten des Gesuchstellers, die zwangsweise beitreibbar ist.

---

[1] Gl. A.: Stein A. I 2 § 104, wiewohl er der Kostenfestsetzung des Gerichtsschreibers richterliche Funktion beilegt.

[2] Über diesen Begriff s. RG. 19 S. 430; Jur. Woch. 1887 S. 493.

[3] Anders im nichtamtsgerichtlichen Verfahren § 106 Abs. 1 Satz 1.

Die nachträgliche Festsetzung der Kosten des säumigen Gegners unter Haftung des letzteren für die Mehrkosten hat in einem nachträglichen Verfahren zu erfolgen (vgl. aber auch RG. 27 S. 402).

e) **Die Entscheidung des Gerichtsschreibers** kann:

formaler Natur sein und die Abweisung des Gesuchs aussprechen, sofern die formellen Voraussetzungen desselben (vorstehend b $\alpha\beta$) nicht erfüllt sind;

materieller Natur sein, indem sie dem Gesuch ganz oder zum Teil stattgibt.

Im letzteren Falle ist über die Prozeßkosten des Festsetzungsverfahrens nach Maßgabe des § 92 zu entscheiden.

f) **Eine Abänderung seiner Kostenfestsetzungsentscheidung** — selbst wenn diese bereits rechtskräftig — hat der Gerichtsschreiber auf Antrag auszusprechen sofern:

nach der ersten Kostenfestsetzung ein Beschluß ergeht, der die jener zugrunde liegende Streitwertsberechnung ändert; und ferner binnen einem Monat seit Zustellung oder Verkündung jenes Beschlusses ein Antrag auf Abänderung der ersten Kostenfestsetzung gestellt wird.

Die abändernde Entscheidung ist beschränkt auf eine anderweitige Berechnung und Festsetzung der Ansätze, deren Bezifferung durch die frühere Streitwertsberechnung bedingt war (§ 107).

3.

Die Form, Zustellung und Vollstreckung der Kostenfestsetzungsentscheidung.

a) **Die Kostenfestsetzung kann auf die Urteilsurschrift gesetzt werden (§ 105).**[1]

α) Die Voraussetzungen einer solchen Verbindung der Kostenfestsetzung mit dem Urteil sind[2] (§§ 105, 106):

$\alpha\alpha$) die Ausfertigung eines Urteils darf noch nicht erteilt sein;

$\beta\beta$) eine Verzögerung der Erteilung der Urteilsausfertigung darf infolge der Niederschrift der Festsetzung auf letzterer nicht eintreten;

$\gamma\gamma$) das Festsetzungsgesuch muß ganz begründet sein; kann ihm

---

[1] Diese Vorschrift des § 105 soll die des früheren § 103 ersetzen, welche die Festsetzung der zu erstattenden Prozeßkosten in dem Urteile gestattete. Die Novelle v. 1. Juni 1909 hat jenen § 103 beseitigt, da sie die Kostenfestsetzung dem Gerichtsschreiber übertragen hat.

[2] Vgl. Samter, Die Änderungen A. 2 § 105.

nur zum Teil entsprochen werden, so muß ein besonderer Festsetzungsbeschluß ergehen;

δδ) die Prozeßkosten müssen der erstattungspflichtigen Partei ganz auferlegt sein, eine Quotenverteilung der Kosten darf mithin im Urteil nicht ausgesprochen sein.

β) **Die Wirkungen der Verbindung** des Festsetzungsbeschlusses mit dem Urteil sind:

αα) Eine besondere Ausfertigung und Zustellung des Festsetzungsbeschlusses von Amts wegen ist ausgeschlossen; an Stelle jener tritt die formlose Mitteilung des festgesetzten Kostenbetrags seitens des Gerichtsschreibers an die Parteien, unter Mitteilung einer Abschrift der Kostenberechnung des Gesuchstellers an dessen Gegner.

ββ) Die Zustellung des Festsetzungsbeschlusses auf dem Urteil hat mit diesem zu erfolgen und ist somit dem Parteibetriebe überlassen.

Mit dem Zeitpunkt der Zustellung des Urteils mit verbundenem Festsetzungsbeschluß beginnt gegen den letzteren erst die zweiwöchige Notfrist der Erinnerung gegen die Festsetzung (§ 104 Abs. 2, nachfolgende Seite); und zwar sowohl für den Gesuchsteller, wie dessen Gegner.

γγ) die Vollstreckung des verbundenen Festsetzungsbeschlusses erfordert nicht die Erteilung einer Vollstreckklausel. Die auf dem verbundenen Urteil für dieses erteilte Vollstreckungsklausel ist zugleich für den verbundenen Festsetzungsbeschluß erteilt (§ 795a).

δδ) Die sofortige Vollstreckung des verbundenen Festsetzungsbeschlusses ist zulässig (§ 798).

b) **Die Kostenfestsetzungsentscheidung erfordert einen besonderen Beschluß,** der von Amts wegen selbständig den Parteien zuzustellen, zugleich an den Gegner des Festsetzungsantragsstellers unter Mitteilung einer Abschrift der Kostenberechnung des letzteren:
in allen übrigen, nicht unter aα zählbaren Fällen.

Ein besonderer Beschluß ist daher auch zu erlassen, wenn der Gerichtsschreiber aus formellen Gründen das Festsetzungsgesuch abweist.

Die Zustellung eines solchen Beschlusses hat auch an den Gegner des Festsetzungsantragssteller zu erfolgen (§ 104 Abs. 1 Satz 2).[1]

c) **Die Vollstreckung des besonderen Festsetzungsbeschlusses** erfordert die Erteilung einer Vollstreckungsklausel.

---

[1] Stein A. IV § 104 verneint dies; die klare Fassung des § 104 Abs. 1 Satz 2 steht dem aber entgegen.

Diese kann aber, da die Erhebung der Erinnerung gegen den Festsetzungsbeschluß dessen Vollstreckbarkeit noch nicht beseitigt (s. unten 4), sofort noch vor Zustellung des Beschlusses an den Gegner erteilt werden.

Die Zwangsvollstreckung aus dem Beschluß darf aber erst beginnen, nachdem derselbe drei Tage zuvor dem Schuldner zugestellt ist (§ 798).

d) **Das Kostenerstattungsverfahren** ist nach der Änderung des § 204 GVG. durch die Novelle vom 1. Juni 1909 nunmehr ex lege Feriensache.

4.

Die Erinnerung gegen den Kostenfestsetzungsbeschluß.

a) **Der ausschließliche Rechtsbehelf** gegen den Festsetzungsbeschluß des Gerichtsschreibers[1] ist die Erinnerung des § 104 Abs. 3. Dies spricht Abs. 3 des § 104 klar und ohne jede Einschränkung aus.

Stein[2] A. V § 104 nimmt an, daß „eine fristlose Erinnerung nach § 576 dann gegeben ist, wenn das Festsetzungsgesuch aus formellen Gründen ganz oder zum Teil vom Gerichtsschreiber zurückgewiesen ist".

Für die Zulässigkeit einer solchen fristlosen Erinnerung aus § 576, die im Einzelfalle mit einer befristeten Erinnerung aus § 104 Abs. 3 konkurrieren könnte, kann auch nicht auf die Entstehungsgeschichte verwiesen werden, die ohne jede Einschränkung (Materialien S. 17) ganz allgemein anführt:

„Die Kostenfestsetzung in dieser Weise in die Hand des Gerichtsschreibers zu legen, kann einem Bedenken um so weniger unterliegen, als nach § 104[3] gegen die Festsetzung eine in der Regel kostenlose Erinnerung an den Richter (Art. III[5]) zugelassen wird."

Hätte es neben der befristeten Erinnerung **hier** bei der fristlosen aus § 576 verbleiben sollen, so wäre jenes im § 104 zum Ausdruck gelangt.

b) **Die Einlegung der Erinnerung,** welche inhaltlich formlos

---

[1] Stein A. V § 104 gewährt dem Gerichtsschreiber die Berechtigung nach Einlegung der Erinnerung mit Rücksicht auf diese seinen Beschluß zu ändern; Stein nimmt dies mit Rücksicht auf § 571 an; die analoge Anwendung dieses § 571, der nur für Gerichtsbeschlüsse anwendbar, auf Entscheidungen eines Gerichtsschreibers, entbehrt aber jeder Begründung.

[2] Gl. A. mit Stein ist Mand, S. 7 u. A.

ist, kann durch Einreichung eines Schriftsatzes oder zu Protokoll des Gerichtsschreibers erfolgen (§ 496 Abs. 2).

Ihre Zulässigkeit ist nur durch:

c) **die Wahrung einer zweiwöchigen Notfrist bedingt.** Diese Frist beginnt:

bei Erlaß eines besonderen Festsetzungsbeschlusses (vorstehend S. 82) mit der Zustellung desselben an jede der Parteien der Fristbeginn kann mithin für jede der Parteien ein verschiedener sein;

bei Erlaß eines mit dem Urteil verbundenen Festsetzungsbeschlusses mit der Zustellung der diesen mitenthaltenden Urteilsausfertigung an eine Partei, für beide gleichzeitig (vorsteh. 3 a β).

d) **Eine Suspensivwirkung** ist der Erhebung der Erinnerung nicht beigelegt.

Das Gericht kann aber von Amts wegen anordnen, daß die „Vollstreckung des Festsetzungbeschlusses" auszusetzen, die Zwangsvollstreckung somit bis zur Entscheidung über die Erinnerung einstweilen einzustellen ist.

e) **Die Entscheidung über die Erinnerung** hat „das Gericht, dessen Gerichtsschreiber den Beschluß erlassen" (gebührenfrei § 47 Ziff. 5a GerKostGes.), zu treffen.

Diese Entscheidung hat die Prüfungen und Feststellungen des Gerichtsschreibers (vorstehend 2 b S. 78) nachzuprüfen und darüber zu entscheiden, soweit über jene sich die Erinnerung beschwert.[1]

Zweifelhaft ist, ob die Entscheidung über die Erinnerung eine reformatio in pejus zuungunsten des Erinnerungserhebers zuläßt.

Stein A. V 6 zu § 104 verneint dies, „da es sich um ein rechtsmittelähnliches Verfahren handelt, wie bei der Beschwerde entstehend §§ 308, 536".

Diese Darlegung ist mehr axiomartig, als begründend.

Sieht man nach der vorstehend mitgeteilten Anführung der Begründung (Materialien S. 16) in dem Gerichtsschreiberbeschluß nur eine zur Entlastung des Gerichts zugelassene einstweilige Entscheidung — die endgültig erst bei Nichterhebung der formlosen Erinnerung ist —, wie ja eben gegen jene Entscheidung nur die „Erinnerung" und erst gegen die Entscheidung auf diese die „Beschwerde" gewährt

---

[1] Der Hilfe eines Gerichtsschreibers darf sich das Gericht zur Vorbereitung seiner Entscheidung nicht mehr bedienen. Der Abs. 2 des bisherigen § 105 ist fortgefallen.

Eine Anordnung auf Erstattung eines rechnerischen Gutachtens kann nach Einführung der Pauschalsätze des § 80 b des GerKostGes. und des § 76 GebO. f. R. kaum erforderlich werden.

ist, so ist anläßlich der Erinnerung eine reformatio in pejus dem Gericht nicht verwehrt.

Eine reformatio in melius ist nach der allgemeinen Vorschrift des § 308 unbedingt ausgeschlossen.[1]

f) **Der Beschluß**, durch den über die Erinnerung entschieden wird, kann wie bisher ohne oder nach vorheriger mündlicher Verhandlung ergehen und ist, sofern er nicht verkündet wird, den Parteien von Amts wegen zuzustellen (§ 329).

Die Entscheidung ist durch sofortige Beschwerde anfechtbar (§ 104 Abs. 3 letzter Satz). Die Einlegung derselben gestattet dem Amtsrichter aber nach der Änderung, welche der Abs. 3 des § 577 durch die Novelle vom 1. Juni 1909 erfahren, nicht mehr eine Abänderung seines Beschlusses vorzunehmen.

Paragraph 9.

Einzelne von der Novelle vom 1. Juni 1909 getroffene Vorschriften insbesondere über Arrest und einstweilige Verfügung.

I. **In Durchführung der Prinzips des Amtsbetriebs** im amtsgerichtlichen Verfahren sind geändert die Vorschriften:

1. **Über das Sühneverfahren.**

a) Die Voraussetzung eines Sühneverfahrens aus § 510c ist nicht mehr die Ladung des Gegners durch den Sühnekläger, sondern ein Antrag desselben auf Terminsbestimmung zum Zwecke eines Sühneversuchs (auch in den Fällen der §§ 609, 610).

Dieser Antrag, welcher sowohl schriftlich eingereicht, wie zu Protokoll des Gerichtsschreibers erklärt werden kann, hat nur den Gegenstand des Anspruchs zu bezeichnen, dessentwegen eine Klagerhebung „beabsichtigt" wird, also noch nicht erfolgt ist.

Wie bisher, ist für das Sühneverfahren das Amtsgericht des allgemeinen Gerichtsstands des Sühnebeklagten zuständig, auch wenn der streitige Anspruch der ausschließlichen Zuständigkeit eines anderen Gerichts unterliegt.

---

[1] Dies schließt aber eine Ausgleichung zwischen einzelnen Ansatzposten nicht aus, sofern schließlich doch nur die geforderte Kostensumme zugesprochen wird. Vgl. Stein A. III § 104; RG. 4 S. 365, 33 S. 404.

b) Ein infolge des Sühneversuchs geschlossener Vergleich ist auch ferner zu Protokoll zu nehmen, ein mißglückter bedarf keiner Feststellung.

c) Die sofortige Verhandlung des Rechtsstreits beim Scheitern des Vergleichs ist wie bisher nur auf beiderseitigen Antrag statthaft.

Der letztere enthält aber noch nicht eine prorogatio fori incompetentis und andererseits bleibt § 40 Abs. 2 auch hier anwendbar.

Die neuen Vorschriften der §§ 505 u. 506 können daher auch hier (S. 23—26) zu einer Verweisung des Rechtsstreits führen.

d) Die Grundlage der sofortigen streitigen Verhandlung bildet auch hier eine Klagerhebung, die, wie bisher, durch mündlichen Vortrag des Sühneklägers mit der Wirkung des § 281 sich vollzieht.

Diese mündlich erhobene Klage ist aber nach der neuen Vorschrift des Abs. 2 des § 510c zu Protokoll zu nehmen.

2. **Die Selbstgestellung der Parteien an ordentlichen Gerichtstagen** zur Verhandlung eines Rechtsstreits — wie der § 500 nunmehr sagt „ohne Terminsbestimmung“, denn der frühere Passus: ohne Ladung und Terminsbestimmung beruhte auf dem Parteibetriebsprinzip — erfordert für eine solche unvorbereitete Rechtsstreitsverhandlung Klagerhebung mit der Wirkung des § 281 durch mündlichen Vortrag des Klägers.

Nach dem geänderten Abs. 2 des § 500 ist die mündliche Klagerhebung zu Protokoll zu nehmen, falls die Sache streitig bleibt, also nicht sofort durch Vergleich zur Erledigung gelangt.

Ein zustande gekommener Vergleich ist selbstverständlich zu protokollieren.

3. **Das Verfahren zur Sicherung des Beweises aus §§ 485 bis 494** ist durch die Novelle vom 1. Juni 1909 nur den allgemeinen Vorschriften der §§ 496, 497 unterstellt.

Hiernach besteht für den Antragsteller nicht mehr die Verpflichtung des § 491, seinen Gegner zu dem bestimmten Beweistermin zu laden.

Dem Antragsteller liegt nur noch ob: mit seinem die Voraussetzungen des § 487 erfüllenden Gesuch eine Abschrift desselben sowie eine genaue Angabe der Adresse seines Gegners dem Amtsgericht zugehen zu lassen.

Das Amtsgericht hat nach Erlaß seiner Entscheidung aus § 490 und Bestimmung des Beweistermins zu diesem beide Parteien von Amts wegen unter Zustellung des aus § 490 ergangenen Beschlusses zu laden; dem Antragsgegner ist hierbei zugleich eine Abschrift des Gesuchs zuzustellen.

Eine Benutzung der Beweisaufnahme ist dem Antragsteller auf Grund des § 493 nur dann entzogen, wenn er schuldhaft die Adresse seines Gegners nicht richtig oder nicht rechtzeitig dem Gericht bezeichnet hat, namentlich dann, wenn die ursprüngliche Adressenangabe eine unrichtige war und dadurch die Beweisterminsbestimmung verzögert oder verlegt wurde. Gl. A.: Sydow-Busch, A. 2 § 491 und A. 3 § 493.

Die Nichteinreichung einer Abschrift des Gesuchs aus §§ 487, 481 wird regelmäßig unerheblich und nur in dem seltenen Ausnahmefall die Benutzung der Beweisaufnahme aus § 493 Abs. 2 entziehen, wo infolge gerichtsseitiger Anfertigung der Abschrift eines (umfangreichen) Gesuchs (§ 86 Abs. 2 GerKostGes.) die Ladung des Antragsgegners nicht „rechtzeitig" (§ 217 ist aber unanwendbar) erfolgte.

4. **Für das Verfahren betreffend die Abnahme des Offenbarungseides**[1] bestimmt der durch die Novelle vom 1. Juni 1909 geänderte § 900:

a) **Die Voraussetzung des Verfahrens** ist — nicht mehr wie im früheren Parteibetriebe eine Ladung, sondern — ein Antrag des Gläubigers auf Bestimmung eines Termins zur Leistung des Offenbarungseides.

Diese Terminsbestimmung — welcher gemäß § 496 die Ladung der Parteien von Amts wegen nachzufolgen hat — ist aber, was bei der früheren parteibetrieblichen Ladung hier streitig war (Deutsche Jur.-Zeit. 1906 S. 814, 1907 S. 656), nur zu verfügen, wenn die amtsrichterliche Prüfung des Antrags die Verpflichtung des Schuldners zur Leistung des Offenbarungseids feststellt (Materialien S. 31). Um diese Prüfung und Feststellung zu ermöglichen, bestimmt der neue Satz 2 des § 900 Folgendes beizufügen:

b) **Anlagen des Antrags:** den Vollstreckungstitel und die sonstigen Urkunden, aus denen sich die Verpflichtung des Schuldners zur Leistung des Eides ergibt.

Die hiernach erforderlichen Urkunden ergeben sich aus den §§ 750, 751, 765, 807, 883.

Unentschieden ist durch die Novelle vom 1. Juni 1909 die Streit-

[1] Samter, Die Änderungen A. 3 § 900.

[2] Über die Änderungen der Novelle v. 1. Juni 1909, das Verzeichnis der geleisteten Offenbarungseide betreffend, kann hier auf § 915 (Samter, Die Änderungen A. 1 u. 2 § 915) verwiesen werden.

frage geblieben, ob der Schuldner berechtigt ist, anstatt im Termin zu erscheinen, vor und zu diesem schriftlich sich zu erklären und insbesondere einen Widerspruch gegen die ihm zugemutete Verpflichtung zur Eidesleistung schriftlich zu begründen.

Nach der neuen Fassung des Abs. 1 ist die Streitfrage verneinend zu entscheiden, denn nach diesem Abs. 1 ist einer Ladung des Schuldners bereits eine aktenmäßige gerichtliche Prüfung und Feststellung der Eidespflicht des Schuldners vorausgegangen (s. auch Falkmann-Mugdan 15 S. 170).

5. **Für das Verfahren betreffend Arrest und einstweilige Verfügungen** greift:

a) **der Amtsbetrieb** auf Grund der §§ 496, 497 ein, sofern das Amtsgericht mündliche Verhandlung anordnet, es sei aus § 921 oder sofern eine einstweilige Verfügung aus § 942 beantragt ist, aus diesem Paragraphen (wenn auch, wie bisher, in diesem Falle nicht ein Urteil, sondern stets nur ein Beschluß, RG. 13 S. 324, zu ergehen hat).

Die Ladung beider Parteien hat daher von Amts wegen im Amtsbetrieb zu erfolgen. Gl. A.: Stein A. § 922; Sydow-Busch A. 1 § 922; s. auch Flechtheim, Jur. Woch. 1910 S. 175.

Die hiergegen in der Literatur (D. Jur.-Zeit. 1910 S. 393) erhobenen Bedenken:

> „Es sei mit dem die ZPO. sonst beherrschenden Antragsprinzip unvereinbar, den Antragsteller, der nur einen Beschluß ohne mündliche Verhandlung aus § 921 erreichen will, in ein Verfahren hineinzudrängen, das mit einer Entscheidung durch Urteil endigt. In zahlreichen Fällen verzichte der Antragsteller, sobald mündliche Verhandlung anberaumt sei, auf die streitige Durchführung des Arrestprozesses"

sind gegenüber der Vorschrift des § 496 und der Entstehungsgeschichte unbegründet.

Erwägungen wie die vorstehenden hat die Begründung (Materialien S. 26) nur gegenüber dem Erfordernis eines Antrags auf mündliche Verhandlung nach Widerspruchserhebung gegen einen Zahlungsbefehl angestellt, für diesen Fall aber auch ausdrücklich eine Ausnahme von dem Grundsatz des § 496 für geboten erklärt und durch die Vorschrift im § 696 Abs. 2 auch jene Ausnahme zur gesetzlichen Feststellung gebracht.

In der Praxis hat die Beurteilung eines Antrags ganz erhebliche Schwierigkeiten bisher bereitet, der auf Anordnung eines Arrests oder einer einstweiligen Verfügung zwar gerichtet ist, aber den Zusatz enthält: für den Fall, daß das Gericht mündliche Verhandlung für erforderlich erachtet, soll der Antrag als nicht gestellt gelten. (Vgl. Flechtheim, Jur. Woch. 1910 S. 175; Franke, Recht 1910 S. 348.) Ein solcher Antrag ist inhaltlich bedingt gestellt und daher an sich ebenso rechtlich unzulässig, wie dieses ein bedingter Widerklagantrag ist.

Die Zulässigkeit jenes Antrags läßt sich auch nicht auf die reichsgerichtliche Darlegung in der Entscheidung Bd. 54 S. 348 stützen.

Der dieser Entscheidung zugrunde liegende Antrag ist inhaltlich unbedingt und enthält nur den Zusatzantrag von den zwei zulässigen Entscheidungsarten, des Beschlusses ohne mündliche Verhandlung und des Urteils nach vorhergegangener mündlicher Verhandlung, die erstere Art zu wählen. Mit Recht nimmt das Reichsgericht an, daß durch einen solchen Zusatzantrag die gerichtsseitige Wahl zwischen den beiden Entscheidungsarten nicht beschränkbar ist.

Der eingangs gedachte Antrag ist aber, inhaltlich bedingt, ausdrücklich nur unter der Bedingung gestellt, daß ihm durch Beschluß stattgegeben wird.

Ein solcher Antrag ist daher als unzulässig abzulehnen, und zwar:

zweifelfrei in dem Falle, daß das Amtsgericht zur Entscheidung auf den Antrag vorherige mündliche Verhandlung für erforderlich erachtet.

Zur Anberaumung einer solchen von Amts wegen ist das Amtsgericht nicht berechtigt, da hierfür eben ein gültiger Antrag nicht vorliegt.

Zweifelhaft ist, ob, falls das Amtsgericht auf den Antrag durch Beschluß entscheiden will, hierdurch der Antrag zu einem unbedingten und daher zulässigen wird.

Letzteres läßt sich — wenn auch nicht ganz bedenkenfrei — annehmen; stricti juris liegt zur Entscheidung ein bedingter, als solcher unzulässiger Antrag vor, der deshalb abzulehnen ist.

b) **Für den Fall der Erhebung eines Widerspruchs** gegen einen Arrest oder eine einstweilige Verfügung anordnenden Beschluß schreibt die neue Vorschrift im § 924 Abs. 2 ausdrücklich vor, daß im Amtsgerichtsprozeß der Widerspruch schriftlich einzureichen oder zu Protokoll des Gerichtsschreibers zu erklären ist, und daß hierauf von Amts wegen Verhandlungstermin anzusetzen und zu laden ist.

Ein ohne Angabe von Gründen erhobener Widerspruch hat Ablehnung der Terminsanberaumung zur Folge, da eine hierzu geeignete prozeßrechtliche Handlung nicht vorliegt.[1]

---

[1] Vgl. Samter, Die Änderungen A. 2 § 924. A. M.: Stein A. 1 2 § 924

c) **Ist eine einstweilige Verfügung vom Amtsgericht aus § 942** erlassen und das Gericht der Hauptsache ein anderes Amtsgericht, so hat der die einstweilige Verfügung anordnende Beschluß eine Frist zu bestimmen, innerhalb welcher der Antrag auf Bestimmung eines Verhandlungstermins über die Rechtmäßigkeit der einstweiligen Verfügung bei dem als Gericht der Hauptsache zuständigen Amtsgericht zu stellen ist.

II. **Im Anschluß an das durch die Novelle vom 1. Juni 1909 durchgeführte Prinzip der Einlegung von Rechtsmitteln durch Einreichung eines Rechtsmittelschriftsatzes** ist die Wiedereinsetzung in den §§ 236, 238 neu geregelt.

Die allgemeine Vorschrift des früheren Abs. 1 des § 236, der den Wiedereinsetzungsantrag an die parteiseitige Zustellung eines ihn enthaltenden Schriftsatzes knüpfte, ist beseitigt und an Stelle dessen bestimmt:

a) **Die Form des Antrags auf Wiedereinsetzung** ist diejenige der versäumten Prozeßhandlung.

Die Wiedereinsetzung ist daher zu beantragen:

α) bei Versäumung der einwöchigen Einspruchsfrist des § 508 Abs. 2 durch Einreichung oder protokollarische Erklärung eines Antrags, der die Voraussetzungen der Einspruchsschrift des § 340 erfüllt;

β) bei Versäumung der zweiwöchigen Erinnerungsfrist des § 104 Abs. 3 durch Einreichung oder protokollarische Erklärung eines Antrags, der inhaltlich die Erinnerung erklärt.

Beide Anträge haben aber gemäß § 236 Ziff. 1 u. 2 selbstverständlich noch die die Wiedereinsetzung begründenden Tatsachen der §§ 233, 234, sowie die Mittel für deren Glaubhaftmachung zu enthalten.

b) **Ein Antrag** auf Wiedereinsetzung und Abnahme des Eides ist gemäß § 236 auch bei Versäumung der einwöchigen Notfrist des § 466 nur erforderlich.

c) **Der Wiedereinsetzungsantrag ist stets an das Prozeßgericht zu richten.** Dies gilt, wie der neugefaßte vorletzte Absatz des § 236 vorschreibt, auch für den Antrag zu b in dem Falle, wo die Eidesabnahme vor einem beauftragten oder ersuchten Richter erfolgen sollte.

d) **Eine schwierigere und streitige Frage entsteht hier,** wenn der Antrag auf Wiedereinsetzung und Abnahme des Eides erst — wenn auch an sich nach §§ 233—236 zulässigerweise — gestellt wird, nachdem bereits in dem gemäß § 467 angesetzten Verkündungstermin ein Endurteil erlassen ist.

Stein A. II § 238 nimmt hier an: „Alle Urteile, die auf Grund der Eidesverweigerung nach §§ 465 u. f. ergehen, hätten — in Parallele zu den Endurteilen nach einem Zwischenurteil des § 275 — die Endgültigkeit der Eidesverweigerung zur Voraussetzung ihres Bestandes.“ Stein nimmt deshalb weiter an: „daß ein bereits die Instanz beendendes Urteil, ein Verfahren aus § 238 nicht hindert“ und zwar, wie seine A. II 1 b zeigt, in derselben Instanz nicht hindert, so daß diese daher noch zur Aufhebung ihres bereits verkündeten Urteils auf Grund des § 238 gelangen kann.

Diese Ausführung ist zwar feinsinnig de lege ferenda, aber de lege lata mit dem Wesen des Endurteils unvereinbar.

Allerdings beendet erst die Einlegung der Berufung (bzw. Revision) die Instanz (RG. 68 S. 250), trotzdem bleibt diese an das von ihr einmal gesprochene Endurteil unbedingt gebunden; dies kann nach der Bestimmung des Urteilsbegriffs in den Motiven (Mat. II S. 283 der ZPO.) auch nicht dem geringsten Zweifel unterliegen. Ein Wiedereinsetzungsantrag ist daher im vorliegenden Fall prozessual nur dann statthaft, wenn das zulässige Rechtsmittel gegen das Instanzurteil entweder bereits eingelegt ist, oder gleichzeitig eingelegt wird; und das zur Entscheidung auf jene Wiedereinsetzung zuständige Prozeßgericht im Sinne des § 236 ist daher auch das Rechtsmittelinstanzgericht.

III. **Die Vorschriften des § 796** über Einwendungen gegen den Anspruch eines Vollstreckungsbefehls sind der neuen Vorschrift des § 699 gemäß, der die Erteilung des Vollstreckungsbefehls dem Gerichtsschreiber überträgt, dahin abgeändert, daß zur Entscheidung über jene Einwendungen das Amtsgericht zuständig ist, „dessen Gerichtsschreiber“ den Befehl erlassen hat.

Es verbleibt somit bei den bisherigen Rechtssätzen (vgl. Samter, Die Änderungen S. 84):

a) Jene Einwendungen sind, wenn sie zwar nach Erlassung des Vollstreckungsbefehls, aber **vor Zustellung** desselben entstanden, nur durch Einspruch gemäß § 700 geltend zu machen. In diesem Fall ergeht

α) ein Urteil: wenn der Vollstreckungsbefehlsanspruch vor das Amtsgericht gehört; ferner: wenn der Vollstreckungsanspruch zwar nicht vor das Amtsgericht gehört, parteiseitig aber vor Verhandlung zur Hauptsache (§§ 697. 700) unterlassen wird, die Unzuständigkeitserklärung des Amtsgerichts und Verweisung des Rechtsstreits an das Landgericht zu beantragen;

β) ein Beschluß auf Unzuständigkeitserklärung und Rechtsstreitsverweisung an das zuständige Gericht hat zu ergehen, wenn ein bezüglicher Antrag gestellt wird (vgl. S. 69—70).

b) Die Einwendungen, die **nach Zustellung** des Vollstreckungsbefehls entstanden, sind durch Klage geltend zu machen.

Die Entscheidung auf diese Klage steht dem Amtsgericht zu, sofern dessen Zuständigkeit der Vollstreckungsbefehlsanspruch unterliegt; ist dies nicht der Fall, so ist das Landgericht zur Entscheidung auf die Klage berufen.

Anhang.

Die einzelnen besprochenen Gesetzesparagraphen[1] mit den Verweisungen auf die Seitenzahlen der Darstellung.

§ 38.

Ein an sich unzuständiges Gericht erster Instanz wird durch ausdrückliche oder stillschweigende Vereinbarung der Parteien zuständig.

S. 24, 86c.

§ 40.

Die Vereinbarung hat keine rechtliche Wirkung, wenn sie nicht auf ein bestimmtes Rechtsverhältnis und die aus demselben entspringenden Rechtsstreitigkeiten sich bezieht.

Die Vereinbarung ist unzulässig, wenn der Rechtsstreit andere als vermögensrechtliche Ansprüche betrifft, oder wenn für die Klage ein ausschließlicher Gerichtsstand begründet ist.

S. 24, 76c– 77.

§ 103.

Der Anspruch auf Erstattung der Prozeßkosten kann nur auf Grund eines zur Zwangsvollstreckung geeigneten Titels geltend gemacht werden.

Das Gesuch um Festsetzung des zu erstattenden Betrags ist bei dem Gerichtsschreiber des Gerichts erster Instanz anzubringen. Die Kostenberechnung, die zur Mitteilung an den Gegner bestimmte Abschrift derselben und die zur Rechtfertigung der einzelnen Ansätze dienenden Belege sind beizufügen. S. 75.

§ 104.

Die Entscheidung über das Festsetzungsgesuch erfolgt durch den Gerichtsschreiber. Sie ist den Parteien von Amts wegen zuzustellen, dem Gegner des Antragstellers unter Beifügung der Abschrift der Kostenberechnung.

Zur Berücksichtigung eines Ansatzes genügt, daß dieser glaubhaft gemacht ist.

---

[1] Die Bestimmungen der Novelle vom 1. Juni 1909 sind durch gesperrten Druck wiedergegeben.

Über Erinnerungen gegen den Festsetzungsbeschluß entscheidet das Gericht, dessen Gerichtsschreiber den Beschluß erlassen hat. Die Erinnerungen sind binnen einer Notfrist von zwei Wochen, welche mit der Zustellung des Beschlusses beginnt, zu erheben. Die Entscheidung kann ohne vorgängige mündliche Verhandlung erfolgen. Das Gericht kann vor der Entscheidung anordnen, daß die Vollstreckung des Festsetzungsbeschlusses auszusetzen sei. Gegen die Entscheidung des Gerichts findet sofortige Beschwerde statt.

Abs. 1 S. 77—81; Abs. 2 S. 79; Abs. 3 S. 83—85.

§ 105.

Der Festsetzungsbeschluß kann auf das Urteil und die Ausfertigungen gesetzt werden, sofern bei der Anbringung des Gesuchs eine Ausfertigung des Urteils noch nicht erteilt ist und eine Verzögerung der Ausfertigung nicht eintritt. Eine besondere Ausfertigung und Zustellung des Festsetzungsbeschlusses findet in diesem Falle nicht statt. Den Parteien ist der festgesetzte Betrag mitzuteilen, dem Gegner des Antragstellers unter Beifügung der Abschrift der Kostenberechnung. Die Verbindung des Festsetzungsbeschlusses mit dem Urteile soll unterbleiben, sofern dem Festsetzungsgesuch auch nur teilweise nicht entsprochen wird.

Der Anbringung eines Festsetzungsgesuchs bedarf es nicht, wenn die Partei vor der Verkündung des Urteils die Berechnung ihrer Kosten eingereicht hat; in diesem Falle ist die dem Gegner mitzuteilende Abschrift der Kostenberechnung von Amts wegen anzufertigen.

Abs. 1 S. 81—83; Abs. 2 S. 76.

§ 106.

Sind die Prozeßkosten ganz oder teilweise nach Quoten verteilt, so hat in den in erster Instanz vor einem Landgerichte verhandelten Sachen die Partei den Gegner vor Anbringung des Festsetzungsgesuchs aufzufordern, die Berechnung seiner Kosten binnen einer einwöchigen Frist bei dem Gerichtsschreiber einzureichen. In den in erster Instanz vor einem Amtsgerichte verhandelten Sachen ist die Aufforderung nach Anbringung eines Festsetzungsgesuchs von dem Gerichtsschreiber zu erlassen. Die Vorschriften des § 105 finden keine Anwendung.

Nach fruchtlosem Ablaufe der einwöchigen Frist erfolgt die Entscheidung ohne Rücksicht auf die Kosten des Gegners, unbeschadet des Rechtes des letzteren, den Anspruch auf Erstattung nachträglich geltend zu machen. Der Gegner haftet für die Mehrkosten, welche durch das nachträgliche Verfahren entstehen. S. 76, 80.

§ 107.

Ergeht nach der Kostenfestsetzung eine Entscheidung, durch welche der Wert des Streitgegenstandes festgesetzt wird, so ist, falls diese Entscheidung von der Wertsberechnung abweicht, welche der Kostenfestsetzung zugrunde liegt, auf Antrag die Kostenfestsetzung entsprechend abzuändern. Über den Antrag entscheidet der Gerichtsschreiber des Gerichts erster Instanz.

Der Antrag ist binnen der Frist von einem Monate bei dem Gerichtsschreiber anzubringen. Die Frist beginnt mit der Zustellung und, wenn es einer solchen nicht bedarf, mit der Verkündung des den Wert des Streitgegenstandes festsetzenden Beschlusses.

Die Vorschriften des § 104 Abs. 3 finden Anwendung.

S. 81f.

§ 137.

Die mündliche Verhandlung wird dadurch eingeleitet, daß die Parteien ihre Anträge stellen.

Die Vorträge der Parteien sind in freier Rede zu halten; sie haben das Streitverhältnis in tatsächlicher und rechtlicher Beziehung zu umfassen.

Eine Bezugnahme auf Schriftstücke statt mündlicher Verhandlung ist unzulässig. Die Vorlesung von Schriftstücken findet nur insoweit statt, als es auf den wörtlichen Inhalt derselben ankommt.

In Anwaltsprozessen ist neben dem Anwalt auch der Partei selbst auf Antrag das Wort zu gestatten.

S. 3, 20.

§ 141.

Das Gericht kann das persönliche Erscheinen einer Partei zur Aufklärung des Sachverhältnisses anordnen.

Wird das Erscheinen angeordnet, so ist die Partei von Amts wegen zu laden. Die Ladung ist der Partei selbst zuzustellen, auch wenn sie einen Prozeßbevollmächtigten bestellt hat.

S. 7, 33—35.

§ 144.

Das Gericht kann die Einnahme des Augenscheins, sowie die Begutachtung durch Sachverständige anordnen.

Das Verfahren richtet sich nach den Vorschriften, welche eine auf Antrag angeordnete Einnahme des Augenscheins oder Begutachtung durch Sachverständige zum Gegenstande haben.

S. 18, 19.

§ 210.

Die Beglaubigung der bei der Zustellung zu übergebenden Abschrift geschieht durch den Gerichtsschreiber.

S. 5—6, 53, 56β.

§ 218.

Zu Terminen, welche in verkündeten Entscheidungen bestimmt sind, ist eine Ladung der Parteien unbeschadet der Vorschriften des § 141 Abs. 2 nicht erforderlich. S. 7, 33—34.

§ 235.

Die Wiedereinsetzung in den vorigen Stand gegen die Versäumung einer Notfrist ist der Partei auf Antrag auch dann zu erteilen, wenn spätestens am dritten Tage vor Ablauf der Notfrist das zur Wahrung derselben zuzustellende Schriftstück dem Gerichtsvollzieher oder, sofern die Zustellung unter Vermittelung des Gerichtsschreibers erfolgen soll, dem Gerichtsschreiber zum Zwecke der Zustellung übergeben ist.

Die Wiedereinsetzung muß innerhalb einer einmonatigen Frist nach Ablauf der versäumten Notfrist beantragt werden.

S. 90.

§ 238.

Das Verfahren über den Antrag auf Wiedereinsetzung ist mit dem Verfahren über die nachgeholte Prozeßhandlung zu verbinden. Das Gericht kann jedoch das Verfahren zunächst auf die Verhandlung und Entscheidung über den Antrag beschränken.

Auf die Entscheidung über die Zulässigkeit des Antrags und auf die Anfechtung der Entscheidung finden die Vorschriften Anwendung, welche in diesen Beziehungen für die nachgeholte Prozeßhandlung gelten. Der Partei, welche den Antrag gestellt hat, steht jedoch der Einspruch nicht zu.

Die Kosten der Wiedereinsetzung fallen dem Antragsteller zur Last, soweit sie nicht durch einen unbegründeten Widerspruch des Gegners entstanden sind.

Wird die Wiedereinsetzung gegen die im § 466 bezeichnete Notfrist beantragt, so ist der Termin zur mündlichen Verhandlung über die Zulässigkeit der Wiedereinsetzung vor dem Prozeßgerichte von Amts wegen zu bestimmen und den Parteien bekannt zu machen. Sollte die Abnahme des Eides vor dem Prozeßgericht erfolgen, so ist der Termin zugleich zur nachträglichen Abnahme des Eides und weiteren mündlichen Verhandlung zu bestimmen.

Abs. 1 S. 90; Abs. 2 S. 90—91.

§ 253.

Die Erhebung der Klage erfolgt durch Zustellung eines Schriftsatzes. Derselbe muß enthalten:

1. die Bezeichnung der Parteien und des Gerichts;
2. die bestimmte Angabe des Gegenstandes und des Grundes des erhobenen Anspruchs, sowie einen bestimmten Antrag;
3. die Ladung des Beklagten vor das Prozeßgericht zur mündlichen Verhandlung des Rechtsstreits.

In der Klageschrift soll ferner der Wert des nicht in einer bestimmten Geldsumme bestehenden Streitgegenstandes angegeben werden, wenn die Zuständigkeit des Gerichts von diesem Werte abhängt.

Außerdem finden die allgemeinen Bestimmungen über die vorbereitenden Schriftsätze auch auf die Klageschrift Anwendung.

S. 8—10.

§ 313.

Das Urteil enthält:

1. die Bezeichnung der Parteien, ihrer gesetzlichen Vertreter und der Prozeßbevollmächtigten nach Namen, Stand oder Gewerbe, Wohnort und Parteistellung;
2. die Bezeichnung des Gerichts und die Namen der Richter, welche bei der Entscheidung mitgewirkt haben;
3. eine gedrängte Darstellung des Sach- und Streitstandes auf Grundlage der mündlichen Vorträge der Parteien unter Hervorhebung der gestellten Anträge (Tatbestand);
4. die Entscheidungsgründe;
5. die von der Darstellung des Tatbestandes und der Entscheidungsgründe äußerlich zu sondernde Urteilsformel.

Bei der Darstellung des Tatbestandes ist eine Bezugnahme auf den Inhalt der vorbereitenden Schriftsätze und auf die zum Sitzungsprotokoll erfolgten Feststellungen nicht ausgeschlossen.

Wird durch Versäumnisurteil oder Anerkenntnisurteil nach dem Antrage des Klägers erkannt, so kann das Urteil in abgekürzter Form auf die bei den Akten befindliche Urschrift oder Abschrift der Klage oder auf ein damit zu verbindendes Blatt gesetzt werden. In diesem Falle ist das Urteil als Versäumnisurteil oder Anerkenntnisurteil zu bezeichnen. Des Tatbestandes, der Entscheidungsgründe und der Bezeichnung der mitwirkenden Richter bedarf es nicht. Der Bezeichnung der Parteien, ihrer gesetzlichen Vertreter und der Prozeßbevollmächtigten bedarf es nur insoweit, als von den Angaben der Klageschrift abgewichen wird. In der Urteilsformel kann auf die Klageschrift Bezug genommen werden. Wird das Urteil auf ein Blatt gesetzt, das mit der Klageschrift verbunden wird, so soll die Verbindungsstelle mit dem Gerichtssiegel versehen oder die Verbindung mit Schnur und Siegel bewirkt werden.

S. 39—41, 44—49.

§ 317.

Die Zustellung der Urteile erfolgt auf Betreiben der Parteien.

Solange das Urteil nicht verkündet und nicht unterschrieben ist, dürfen Ausfertigungen, Auszüge und Abschriften desselben nicht erteilt werden.

Die Ausfertigungen und Auszüge der Urteile sind von dem Gerichtsschreiber zu unterschreiben und mit dem Gerichtssiegel zu versehen.

Ist das Urteil nach § 313 Abs. 3 in abgekürzter Form hergestellt, so erfolgt die Ausfertigung in gleicher Weise unter Benutzung einer beglaubigten Abschrift der Klageschrift oder in der Weise, daß das Urteil durch Aufnahme der im § 313 Abs. 1 Nr. 1, 2, 5 bezeichneten Angaben vervollständigt wird. Die Abschrift der Klageschrift kann durch den Gerichtsschreiber oder durch den Anwalt des Klägers beglaubigt werden.

S. 42, 50—51.

§ 330.

Erscheint der Kläger im Termine zur mündlichen Verhandlung nicht, so ist auf Antrag das Versäumnisurteil dahin zu erlassen, daß der Kläger mit der Klage abzuweisen sei.

S. 42, 74.

§ 331.

Beantragt der Kläger gegen den im Termine zur mündlichen Verhandlung nicht erschienenen Beklagten das Versäumnisurteil, so ist das tatsächliche mündliche Vorbringen des Klägers als zugestanden anzunehmen.

Soweit dasselbe den Klagantrag rechtfertigt, ist nach dem Antrage zu erkennen; soweit dies nicht der Fall ist, die Klage abzuweisen.

S. 42—43, 74.

§ 335.

Der Antrag auf Erlassung eines Versäumnisurteils ist zurückzuweisen, unbeschadet des Rechts der erschienenen Partei, die Vertagung der mündlichen Verhandlung zu beantragen:

1. wenn die erschienene Partei die vom Gerichte wegen eines von Amts wegen zu berücksichtigenden Umstandes erforderte Nachweisung nicht zu beschaffen vermag;
2. wenn die nicht erschienene Partei nicht ordnungsmäßig, insbesondere nicht rechtzeitig geladen war;
3. wenn der nicht erschienenen Partei ein tatsächliches mündliches Vorbringen oder ein Antrag nicht rechtzeitig mittels Schriftsatzes mitgeteilt war.

Wird die Verhandlung vertagt, so ist die nicht erschienene Partei zu dem neuen Termine zu laden.

S. 24, 43.

§ 340.

Die Einlegung des Einspruchs erfolgt durch Einreichung der Einspruchsschrift bei dem Prozeßgerichte.

Die Einspruchsschrift muß enthalten:

1. die Bezeichnung des Urteils, gegen welches der Einspruch gerichtet wird;
2. die Erklärung, daß gegen dieses Urteil Einspruch eingelegt werde.

Die Einspruchsschrift soll zugleich dasjenige enthalten, was zur Vorbereitung der Verhandlung über die Hauptsache erforderlich ist.

S. 52.

§ 340a.

Der Termin zur mündlichen Verhandlung über den Einspruch und die Hauptsache ist von Amts wegen zu bestimmen und den Parteien bekannt zu machen. Mit der Bekanntmachung ist der Gegenpartei die Einspruchsschrift von Amts wegen zuzustellen. Die erforderliche Zahl von beglaubigten Abschriften oll die Partei mit der Einspruchsschrift einreichen.

S. 52—53.

§ 391.

Jeder Zeuge ist, soweit nicht ein anderes bestimmt ist, zu beeidigen.

Die Parteien können auf die Beeidigung verzichten.

S. 29.

§ 392.

Die Beeidigung erfolgt nach der Vernehmung. Mehrere Zeugen können gleichzeitig beeidigt werden. Die Eidesnorm geht dahin, daß der Zeuge nach bestem Wissen die reine Wahrheit gesagt und nichts verschwiegen habe.

S. 29—31.

§ 393.

Unbedingt sind zu vernehmen:

4. Personen, welche ein rechtliches Interesse daran haben, daß in dem Rechtsstreite die eine Partei obsiege; Personen, welche einen in dem Rechtsstreite geltend gemachten Anspruch übertragen haben, auch dann, wenn sie zur Gewährleistung nicht verpflichtet sind.

Das Prozeßgericht kann die Beeidigung der unter den beiden letzten Nummern bezeichneten Personen anordnen.

S. 29—30.

§ 408.

Dieselben Gründe, welche einen Zeugen berechtigen, das Zeugnis zu verweigern, berechtigen einen Sachverständigen zur Verweigerung des Gutachtens. Das Gericht kann auch aus anderen Gründen einen Sachverständigen von der Verpflichtung zur Erstattung des Gutachtens entbinden.

Die Vernehmung eines öffentlichen Beamten als Sachverständigen findet nicht statt, wenn die vorgesetzte Behörde des Beamten erklärt, daß die Vernehmung den dienstlichen Interessen Nachteile bereiten würde.

Wer bei einer richterlichen Entscheidung mitgewirkt hat, soll über Fragen, die den Gegenstand der Entscheidung gebildet haben, nicht als Sachverständiger vernommen werden.

S. 31.

§ 410.

Die Beeidigung des Sachverständigen erfolgt vor oder nach Erstattung des Gutachtens. Die Eidesnorm geht dahin, daß der Sachverständige das von ihm erforderte Gutachten unparteiisch und nach bestem Wissen und Gewissen erstatten werde oder erstattet habe.

Ist der Sachverständige für die Erstattung von Gutachten der betreffenden Art im allgemeinen beeidigt, so genügt die Berufung auf den geleisteten Eid.

S. 31—32.

§ 481.

Der Eid wird in der Weise geleistet, daß der Richter die Eidesnorm mit der Eingangsformel:

„Sie schwören bei Gott dem Allmächtigen und Allwissenden"

vorspricht und der Schwurpflichtige hierauf die Worte spricht (Eidesformel):

„Ich schwöre es, so wahr mir Gott helfe!"

Der Schwörende soll bei der Eidesleistung die rechte Hand erheben.

Sollen mehrere Personen gleichzeitig einen Eid leisten, so wird die Eidesformel von jedem Schwurpflichtigen einzeln gesprochen. S. 32—33.

§ 485.

Die Einnahme des Augenscheins und die Vernehmung von Zeugen und Sachverständigen kann zur Sicherung des Beweises erfolgen, wenn zu besorgen ist, daß das Beweismittel verloren oder die Benutzung desselben erschwert werde. S. 86.

§ 486.

Das Gesuch ist bei dem Gerichte anzubringen, vor welchem der Rechtsstreit anhängig ist; es kann vor dem Gerichtsschreiber zu Protokoll erklärt werden.

In Fällen dringender Gefahr kann das Gesuch auch bei dem Amtsgerichte angebracht werden, in dessen Bezirke die zu vernehmenden Personen sich aufhalten oder der in Augenschein zu nehmende Gegenstand sich befindet.

Bei dem bezeichneten Amtsgerichte muß das Gesuch angebracht werden, wenn der Rechtsstreit noch nicht anhängig ist.

S. 86.

§ 491.

Der Beweisführer ist verpflichtet, sofern es nach den Umständen des Falles geschehen kann, unter Zustellung des Beschlusses und einer Abschrift des Gesuchs zu dem für die Beweisaufnahme bestimmten Termine den Gegner so zeitig zu laden, daß derselbe in diesem Termine seine Rechte wahrzunehmen vermag.

Die Nichtbefolgung dieser Vorschrift steht der Beweisaufnahme nicht entgegen. S. 86.

§ 493.

Jede Partei hat das Recht, die Beweisverhandlungen in dem Prozesse zu benutzen.

War der Gegner in dem Termine nicht erschienen, in welchem die Beweisaufnahme erfolgte, so ist der Beweisführer zur Benutzung der Beweisverhandlungen nur dann berechtigt, wenn der Gegner zu dem Termine rechtzeitig geladen war oder wenn der Beweisführer glaubhaft macht, daß ohne sein Verschulden die Ladung unterblieben oder nicht rechtzeitig erfolgt sei.

S. 87.

§ 495.

Auf das Verfahren vor den Amtsgerichten finden die Vorschriften über das Verfahren vor den Landgerichten Anwendung, soweit nicht aus den allgemeinen Bestimmungen des ersten Buchs, aus den nachfolgenden besonderen Bestimmungen und aus der Verfassung der Amtsgerichte sich Abweichungen ergeben.

S. 1—4, 19—21, 29—33.

§ 496.

Die Zustellungen erfolgen unbeschadet der Vorschrift des § 317 Abs. 1 von Amts wegen.

Die Klage sowie sonstige Anträge und Erklärungen einer Partei, die zugestellt werden sollen, sind bei dem Gerichte schriftlich einzureichen oder mündlich zum Protokolle des Gerichtsschreibers anzubringen. Die Partei soll den Schriftsätzen, welche sie bei dem Gericht einreicht, die für die Zustellung erforderliche Zahl von Abschriften beizufügen.

Soll durch die Zustellung eine Frist gewahrt oder die Verjährung unterbrochen werden, so tritt die Wirkung, sofern die Zustellung demnächst erfolgt, bereits mit der Einreichung oder Anbringung des Antrags oder der Erklärung ein.

Wird eine Partei durch einen Anwalt vertreten, so genügt zum Nachweise der Zustellung das mit Datum und Unterschrift versehene schriftliche Empfangsbekenntnis des Anwalts.

Auf Bestimmung des Gerichts kann die Mitteilung von Anträgen und Erklärungen ohne besondere Form erfolgen.

Die Ausfertigung der Urteile erfolgt, sofern nicht von der Partei ein anderes beantragt wird, unter Weglassung des Tatbestandes und der Entscheidungsgründe. Die Zustellung einer solchen Ausfertigung steht in den Wirkungen der Zustellung des vollständigen Urteils gleich.

Abs. 1: S. 1, 2, 5, 6—8, 85—90; Abs. 2: 14—16, 56; Abs. 3: S. 10, 16e, 69c$\beta\beta$; Abs. 4: S. 7; Abs. 5: S. 15—16; Abs. 6: S. 39—41.

§ 497.

Ladungen durch die Parteien finden nicht statt. Die Termine werden von Amts wegen bestimmt. Nach Bestimmung des Termins ist die Ladung der Parteien durch den Gerichtsschreiber zu veranlassen.

Die Ladung einer Partei ist nicht erforderlich, wenn der Termin der Partei bei Einreichung oder Anbringung der Klage oder des Antrags, auf Grund dessen die Terminsbestimmung stattfindet, mitgeteilt worden ist. Die erfolgte Mitteilung ist zu den Akten zu vermerken.

Abs. 1: S. 7, 9, 16; Abs. 2: S. 7 u. A. 2.

§ 498.

Dem Beklagten ist mit der Ladung die Klageschrift oder das die Klage enthaltende Protokoll zuzustellen.

Die Klage gilt unbeschadet der Bestimmung im § 496 Abs. 3 erst mit der Zustellung an den Beklagten als erhoben.

S. 12—13.

§ 499.

Die Einlassungsfrist beträgt mindestens drei Tage, wenn die Zustellung an einem Orte erfolgt, der Sitz des Prozeßgerichts ist oder im Bezirke des Prozeßgerichts liegt oder von dem ein Teil zu diesem Bezirke gehört; mindestens eine Woche, wenn die Zustellung sonst im Inland erfolgt; in Meß- und Marktsachen mindestens 24 Stunden.

Ist die Zustellung im Auslande vorzunehmen, so hat das Gericht bei Festsetzung des Termins die Einlassungsfrist zu bestimmen.

S. 11.

§ 500.

An ordentlichen Gerichtstagen können die Parteien zur Verhandlung des Rechtsstreits ohne Terminsbestimmung vor Gericht erscheinen.

Die Erhebung der Klage erfolgt in diesem Falle durch den mündlichen Vortrag. Die Klage ist zu Protokoll zu nehmen, falls die Sache streitig bleibt. S. 86.

§ 501.

Das Gericht kann Anordnungen, die nach der Klageschrift oder den vorbereitenden Schriftsätzen zur Aufklärung des Sachverhältnisses dienlich erscheinen, schon vor der mündlichen Verhandlung treffen. Das Gericht kann insbesondere:

1. den Parteien die Vorlegung der in ihren Händen befindlichen Urkunden, auf welche sie sich bezogen haben, sowie die Vorlegung von Stammbäumen, Plänen, Rissen und sonstigen Zeichnungen aufgeben;
2. öffentliche Behörden oder öffentliche Beamte um Mitteilung von Urkunden, auf welche eine Partei sich bezogen hat, ersuchen;
3. amtliche Auskünfte von öffentlichen Behörden oder öffentlichen Beamten einziehen;
4. Zeugen, auf welche eine Partei sich bezogen hat, sowie Sachverständige zur mündlichen Verhandlung laden;
5. das persönliche Erscheinen der Parteien anordnen;
6. die Einnahme des Augenscheins sowie die Begutachtung durch Sachverständige anordnen.

Bevor eine mündliche Verhandlung stattgefunden hat, in der von beiden Parteien einander widersprechende Anträge gestellt worden sind, soll eine Anordnung der unter Nr. 4 bis 6 bezeichneten Art nur ergehen, wenn der Beklagte in einem vorbereitenden Schriftsatze dem Klageantrage widersprochen hat.

Die Parteien sind von der Anordnung zu benachrichtigen. Wird das persönliche Erscheinen der Parteien angeordnet, so finden die Vorschriften des § 141 Abs. 2 Anwendung.

S. 16—19, 28, 57.

§ 502.

In der mündlichen Verhandlung hat das Gericht das Sach- und Streitverhältnis mit den Parteien zu erörtern und dahin zu wirken, daß die Parteien über alle erheblichen Tatsachen sich vollständig erklären und die sachdienlichen Anträge stellen.

Eine Bezugnahme auf Schriftstücke ist zulässig, soweit keine der Parteien widerspricht und das Gericht sie für angemessen hält. S. 3, 20, 22.

§ 503.

Erscheinen in einem Termine zur mündlichen Verhandlung beide Parteien nicht, so ruht das Verfahren, bis die Ansetzung eines neuen Verhandlungstermins beantragt wird.

S. 2.

§ 504.

Die Vorschrift, daß prozeßhindernde Einreden gleichzeitig und vor der Verhandlung zur Hauptsache vorzubringen sind, findet nur insoweit Anwendung, als die Einrede der Unzuständigkeit des Gerichts und die Einrede, daß die Entscheidung des Rechtsstreits durch Schiedsrichter zu erfolgen habe, vor der Verhandlung zur Hauptsache geltend zu machen sind.

Ist das Amtsgericht sachlich unzuständig, so hat es vor der Verhandlung des Beklagten zur Hauptsache denselben auf die Unzuständigkeit aufmerksam zu machen.

Auf Grund prozeßhindernder Einreden darf die Verhandlung zur Hauptsache nicht verweigert werden; das Gericht kann jedoch die abgesonderte Verhandlung über diese Einreden anordnen.

S. 22—23.

§ 505.

Ist auf Grund der Bestimmungen über die örtliche oder sachliche Zuständigkeit der Gerichte die Unzuständigkeit des Gerichts auszusprechen, so hat das angegangene Gericht, sofern das zuständige Gericht bestimmt werden kann, auf Antrag des Klägers durch Beschluß sich für unzuständig zu erklären und den Rechtsstreit an das zuständige Gericht zu verweisen. Sind mehrere Gerichte zuständig, so erfolgt die Verweisung an das vom Kläger gewählte Gericht.

Eine Anfechtung des Beschlusses findet nicht statt; mit der Verkündung des Beschlusses gilt der Rechtsstreit als bei dem im Beschlusse bezeichneten Gericht anhängig. Der Beschluß ist für dieses Gericht bindend.

Die im Verfahren vor dem angegangenen Gericht erwachsenen Kosten werden als Teil der Kosten behandelt, welche bei dem im Beschlusse bezeichneten Gericht erwachsen. Dem Kläger sind die entstandenen Mehrkosten auch dann aufzuerlegen, wenn er in der Hauptsache obsiegt.

S. 13, 22—24, 54, 70, 79.

§ 506.

Wird durch Widerklage oder durch Erweiterung des Klagantrags (§ 268 Nr. 2, 3) ein Anspruch erhoben, der zur Zuständigkeit der Landgerichte gehört, oder wird in Gemäßheit des § 280 die Feststellung eines Rechtsverhältnisses beantragt, für welches die Landgerichte zuständig sind, so hat das Amtsgericht, sofern eine Partei vor weiterer Verhandlung zur Hauptsache darauf anträgt, durch Beschluß sich für unzuständig zu erklären und den Rechtsstreit an das Landgericht zu verweisen.

Die Vorschriften des § 505 Abs. 2, Abs. 3 Satz 1 finden entsprechende Anwendung.

S. 25, 54, 70, 79.

§ 507.

Die Vorschriften des § 297 und der §§ 348 bis 354 finden keine Anwendung. S. 34, auch S. 11 Ziff. 4!

§ 508.

Der Gerichtsschreiber hat die Zustellung des Versäumnisurteils zu vermitteln, sofern nicht die Partei, welche das Urteil erwirkt hat, erklärt hat, selbst einen Gerichtsvollzieher mit der Zustellung beauftragen zu wollen.

Die im § 339 Abs. 1 bezeichnete Frist beträgt eine Woche.

Eine Verweisung des Rechtsstreits an ein anderes Gericht nach §§ 505, 506 findet nur statt, wenn das Amtsgericht den Einspruch für zulässig erachtet. Das Gericht, an welches der Rechtsstreit verwiesen wird, ist an die Entscheidung des Amtsgerichts, durch welche der Einspruch zugelassen wird, gebunden.

Abs. 1: S. 5; Abs. 2: S. 52a; Abs. 3: S. 54, 73.

§ 509.

Beschließt das Gericht eine Beweiserhebung, so soll die Aufnahme des Beweises, soweit dies tunlich ist, sofort erfolgen, insbesondere sollen Zeugen und Sachverständige, falls sie zur Stelle sind oder ihre unverzügliche Gestellung möglich ist, sofort vernommen werden.

S. 27—28.

§ 510.

Wegen unterbliebener Erklärung ist eine Urkunde nur dann als anerkannt anzusehen, wenn die Partei durch das Gericht zur Erklärung über die Echtheit der Urkunde aufgefordert ist.

S. 27.

§ 510a.

Anträge sowie die Erklärungen über Annahme oder Zurückschiebung zugeschobener Eide sind durch das Sitzungsprotokoll festzustellen; anstatt der Feststellung genügt die Bezugnahme auf den Inhalt eines vorbereitenden Schriftsatzes.

Sonstige Erklärungen einer Partei, insbesondere Geständnisse, sind durch das Protokoll insoweit festzustellen, als das Gericht bei dem Schlusse der mündlichen Verhandlung die Feststellung für angemessen erachtet.

S. 27.

§ 510b.

Erfolgt die Verurteilung zur Vornahme einer Handlung, so kann der Beklagte zugleich auf Antrag des Klägers für den Fall, daß die Handlung nicht binnen einer zu bestimmenden Frist vorgenommen ist, zur Zahlung einer Entschädigung verurteilt werden; das Gericht hat die Entschädigung nach freiem Ermessen festzusetzen.

S. 9, 35—39.

§ 510c.

Wer eine Klage zu erheben beabsichtigt, kann unter Angabe des Gegenstandes seines Anspruchs bei dem Amtsgerichte, vor welchem der Gegner seinen allgemeinen Gerichtsstand hat, beantragen, daß zum Zwecke eines Sühneversuchs Termin bestimmt werde.

Erscheinen beide Parteien und wird ein Vergleich geschlossen, so ist der Vergleich zu Protokoll festzustellen. Kommt ein Vergleich nicht zustande, so wird auf Antrag beider Parteien der Rechtsstreit sofort verhandelt; die Erhebung der Klage erfolgt in diesem Falle durch den mündlichen Vortrag. Die Klage ist zu Protokoll zu nehmen, falls die Sache streitig bleibt.

Ist der Gegner nicht erschienen, oder der Sühneversuch erfolglos geblieben, so werden die erwachsenen Kosten als Teil der Kosten des Rechtsstreits behandelt. S. 85—86.

§ 604.

Die Klage muß die Erklärung enthalten, daß im Wechselprozesse geklagt werde.

Die Einlassungsfrist beträgt mindestens vierundzwanzig Stunden, wenn die Klage an dem Orte, der Sitz des Prozeßgerichts ist, zugestellt wird; mindestens drei Tage, wenn die Klage an einem anderen Orte zugestellt wird, der im Bezirke des Prozeßgerichts oder, falls dieses ein Amtsgericht ist, im Bezirke des dem Amtsgericht übergeordneten Landgerichts liegt, oder von dem ein Teil zu diesem Bezirke gehört; mindestens eine Woche, wenn die Klage sonst im Inlande zugestellt wird. Das gleiche gilt von der Ladungsfrist, soweit sie nicht nach den allgemeinen Bestimmungen kürzer als die im ersten Satze festgesetzte Einlassungsfrist ist.

In den höheren Instanzen beträgt die Einlassungs- und Ladungsfrist mindestens vierundzwanzig Stunden, wenn die Zustellung der Berufungs- oder Revisionsschrift oder der Ladung an dem Orte erfolgt, der Sitz des höheren Gerichts ist; mindestens drei Tage, wenn die Zustellung an einem anderen Orte erfolgt, der ganz oder zum Teil in dem Landgerichtsbezirke liegt, in welchem das höhere Gericht seinen Sitz hat; mindestens eine Woche, wenn die Zustellung sonst im Inland erfolgt.

1. Eine Ergänzung des § 604 enthält die Bestimmung des Art. V der Novelle v. 1. 6. 09:

Der Bundesrat kann bestimmen, daß benachbarte Orte im Sinne der §§ 499, 604 der Zivilprozeßordnung als Ein Ort anzusehen sind; die Bestimmung ist im Reichs-Gesetzblatte bekannt zu machen. S. 56—59.

§ 688.

Wegen eines Anspruchs, welcher die Zahlung einer bestimmten Geldsumme oder die Leistung einer bestimmten Quantität anderer vertretbarer Sachen oder Wertpapiere zum Gegenstande hat, ist auf Gesuch des Gläubigers ein bedingter Zahlungsbefehl zu erlassen.

Das Mahnverfahren findet nicht statt, wenn nach Inhalt des Gesuchs die Geltendmachung des Anspruchs von einer noch nicht erfolgten Gegenleistung abhängig ist oder wenn die Zustellung des Zahlungsbefehls im Auslande oder durch öffentliche Bekanntmachung erfolgen müßte.

S. 59—61.

§ 689.

Die Zahlungsbefehle werden von den Amtsgerichten erlassen.

Zuständig ist das Amtsgericht, welches für die im ordentlichen Verfahren erhobene Klage zuständig sein würde, wenn die Amtsgerichte in erster Instanz sachlich unbeschränkt zuständig wären.

S. 61—62.

§ 690.

Das Gesuch muß enthalten:

1. die Bezeichnung der Parteien nach Namen, Stand oder Gewerbe und Wohnort;
2. die Bezeichnung des Gerichts;
3. die bestimmte Angabe des Betrages oder Gegenstandes und des Grundes des Anspruchs;
4. das Gesuch um Erlassung des Zahlungsbefehls.

S. 62—63.

§ 691.

Entspricht das Gesuch nicht den Bestimmungen der vorstehenden Paragraphen oder ergibt sich aus dem Inhalte des Gesuchs, daß der Anspruch überhaupt oder zurzeit nicht begründet ist, so wird dasselbe zurückgewiesen.

Das Gesuch ist auch dann zurückzuweisen, wenn der Zahlungsbefehl nur in Ansehung eines Teiles des Anspruchs nicht erlassen werden kann; vor der Zurückweisung ist der Gläubiger zu hören.

Eine Anfechtung der zurückweisenden Verfügung findet nicht statt.

S. 63—64.

§ 692.

Der Zahlungsbefehl enthält die im § 690 Nr. 1—3 bezeichneten Erfordernisse des Gesuchs und außerdem den Befehl an den Schuldner, binnen einer vom Tage der Zustellung laufenden Frist von einer Woche bei Vermeidung sofortiger Zwangsvollstreckung den Gläubiger wegen des Anspruchs nebst den dem Betrage nach zu bezeichnenden Kosten des Verfahrens und geforderten Zinsen zu befriedigen oder, wenn er Einwendungen gegen den Anspruch habe, bei dem Gerichte Widerspruch zu erheben.

S. 64—65.

§ 693.

Die Zustellung des Zahlungsbefehls an den Schuldner erfolgt von Amts wegen.

Mit der Zustellung des Zahlungsbefehls treten die Wirkungen der Rechtshängigkeit ein.

Soll durch die Zustellung eine Frist gewahrt oder die Verjährung unterbrochen werden, so tritt die Wirkung, wenn die Zustellung demnächst erfolgt, bereits mit der Einreichung oder Anbringung des Gesuchs um Erlassung des Zahlungsbefehls ein.

Der Gerichtsschreiber hat von der Zustellung des Zahlungsbefehls den Gläubiger in Kenntnis zu setzen.

S. 66.

§ 694.

Der Schuldner kann gegen den Anspruch oder einen Teil desselben Widerspruch erheben, solange der Vollstreckungsbefehl nicht verfügt ist.

Das Gericht hat den Gläubiger von dem rechtzeitig erhobenen Widerspruch in Kenntnis zu setzen und dem Schuldner auf Verlangen eine Bescheinigung darüber zu erteilen, daß er rechtzeitig Widerspruch erhoben habe.

Einer Zurückweisung des nicht rechtzeitig erhobenen Widerspruchs bedarf es nicht. S. 66—68.

§ 695.

Durch die rechtzeitige Erhebung des Widerspruchs gegen den Anspruch oder einen Teil desselben verliert der Zahlungsbefehl seine Kraft. Die Wirkungen der Rechtshängigkeit bleiben bestehen.

S. 67—68.

§ 696.

Wird rechtzeitig Widerspruch erhoben, so ist die Klage als mit der Zustellung des Zahlungsbefehls bei dem Amtsgericht erhoben anzusehen, welches den Befehl erlassen hat.

Termin zur mündlichen Verhandlung ist nur auf Antrag einer Partei zu bestimmen; der Antrag kann schon in dem Gesuch um Erlassung des Zahlungsbefehls gestellt werden; die Ladungsfrist beträgt mindestens drei Tage.

Zur Herstellung eines Urteils in abgekürzter Form (§ 313 Abs. 3, § 317 Abs. 3) kann der Zahlungsbefehl an Stelle der Klageschrift benutzt werden.

S. 67—68.

§ 697.

Ist ein Anspruch erhoben, der zur Zuständigkeit der Landgerichte gehört, so hat das Amtsgericht, sofern eine Partei vor der Verhandlung zur Hauptsache darauf anträgt, durch Beschluß sich für unzuständig zu erklären und den Rechtsstreit an das Landgericht zu verweisen; die Vorschriften des § 505 Abs. 2, Abs. 3 Satz 1 finden Anwendung.

Ist der Antrag auf Verweisung schon in dem Gesuch um Erlassung des Zahlungsbefehls gestellt oder mit dem Widerspruche verbunden worden, so kann die Entscheidung über den Antrag ohne vorgängige mündliche Verhandlung erfolgen. Wird die Verweisung beschlossen, so gilt der Rechtsstreit mit der Zustellung des Beschlusses als bei dem Landgericht anhängig.

S. 67, 69—71, 79.

§ 698.

Die Kosten des Mahnverfahrens sind im Falle der rechtzeitigen Erhebung des Widerspruchs als ein Teil der Kosten des entstehenden Rechtsstreits anzusehen. S. 70.

§ 699.

Der Zahlungsbefehl ist nach Ablauf der darin bestimmten Frist auf Gesuch des Gläubigers für vorläufig vollstreckbar zu erklären, sofern nicht vor der Vollstreckbarkeitserklärung von dem Schuldner Widerspruch erhoben ist. Die Vollstreckbarkeitserklärung erfolgt durch einen von dem Gerichtsschreiber auf den Zahlungsbefehl zu setzenden Vollstreckungsbefehl. In den Vollstreckungsbefehl sind die von dem Gläubiger zu berechnenden Kosten des bisherigen Verfahrens aufzunehmen. Die Zustellung des Vollstreckungsbefehls erfolgt auf Betreiben des Gläubigers. Der Gerichtsschreiber hat die Zustellung zu vermitteln, sofern nicht der Gläubiger erklärt hat, selbst einen Gerichtsvollzieher mit der Zustellung beauftragen zu wollen.

Will der Gerichtsschreiber dem Gesuche des Gläubigers nicht entsprechen, so hat er das Gesuch dem Gerichte zur Entscheidung vorzulegen. Gegen den Beschluß des Gerichts, durch welchen das Gesuch zurückgewiesen wird, findet sofortige Beschwerde statt.

S. 71—73.

§ 700.

Der Vollstreckungsbefehl steht einem für vorläufig vollstreckbar erklärten auf Versäumnis erlassenen Endurteile gleich. Gegen den Vollstreckungsbefehl findet der Einspruch statt; die Vorschriften über den Einspruch gegen ein von dem Amtsgericht erlassenes Versäumnisurteil finden entsprechende Anwendung. Gehört der Anspruch nicht vor die Amtsgerichte, so findet eine Verweisung des Rechtsstreits an das Landgericht nach § 697 nur statt, wenn das Amtsgericht den Einspruch für zulässig erachtet. Das Landgericht ist an die Entscheidung des Amtsgerichts, durch welche der Einspruch zugelassen wird, gebunden.

S. 73—75.

§ 701.

Wird in dem Falle, wenn Widerspruch nicht erhoben ist, die Erlassung des Vollstreckungsbefehls nicht binnen einer sechsmonatigen Frist, welche mit Ablauf der im Zahlungsbefehle bestimmten Frist beginnt, nachgesucht, so verliert der Zahlungsbefehl dergestalt seine Kraft, daß auch die Wirkungen der Rechtshängigkeit erlöschen. Dasselbe gilt, wenn die Erlassung des Vollstreckungsbefehls rechtzeitig nachgesucht ist, das Gesuch aber zurückgewiesen wird. S. 66, 71.

§ 702.

Das Gesuch um Erlassung eines Zahlungsbefehls oder eines Vollstreckungsbefehls, sowie die Erhebung eines Widerspruchs werden der anderen Partei abschriftlich nicht mitgeteilt; im Falle ihrer mündlichen Anbringung ist die Aufnahme eines Protokolls nicht erforderlich.

S. 62, 71, 72.

§ 703.

Des Nachweises einer Vollmacht bedarf es nicht, wenn für den Gläubiger die Erlassung eines Zahlungsbefehls nachgesucht oder für den Schuldner Widerspruch gegen einen Zahlungsbefehl erhoben wird.

S. 67 b.

§ 795 a.

Die Zwangsvollstreckung aus einem Kostenfestsetzungsbeschlusse, der gemäß § 105 auf das Urteil gesetzt ist, erfolgt auf Grund einer vollstreckbaren Ausfertigung des Urteils; einer besonderen Vollstreckungsklausel für den Festsetzungsbeschluß bedarf es nicht.

S. 82—83.

§ 888a.

Ist im Falle des § 510b der Beklagte zur Zahlung einer Entschädigung verurteilt, so ist die Zwangsvollstreckung auf Grund der Vorschriften der §§ 887, 888 ausgeschlossen.

S. 35.

§ 900.

Das Verfahren beginnt mit dem Antrage des Gläubigers auf Bestimmung eines Termins zur Leistung des Offenbarungseides. Dem Antrage sind der Vollstreckungstitel und die sonstigen Urkunden, aus denen sich die Verpflichtung des Schuldners zur Leistung des Eides ergibt, beizufügen.

Die Anwesenheit des Gläubigers in dem Termin ist nicht erforderlich.

Bestreitet der Schuldner die Verpflichtung zur Leistung des Eides, so ist von dem Gerichte durch Beschluß über den Widerspruch zu entscheiden. Die Eidesleistung erfolgt erst nach Eintritt der Rechtskraft der Entscheidung; das Vollstreckungsgericht kann jedoch die Eidesleistung vor Eintritt der Rechtskraft anordnen, wenn bereits ein früherer Widerspruch rechtskräftig verworfen ist. S. 87—88.

§ 922.

Die Entscheidung über das Gesuch [auf Anordnung des Arrests] erfolgt im Falle einer vorgängigen mündlichen Verhandlung durch Endurteil, anderenfalls durch Beschluß.

Den Beschluß, durch welchen ein Arrest angeordnet wird, hat die Partei, welche den Arrest erwirkt hat, zustellen zu lassen.

Der Beschluß, durch welchen das Arrestgesuch zurückgewiesen oder vorgängige Sicherheitsleistung für erforderlich erklärt wird, ist dem Gegner nicht mitzuteilen.

Abs. 1: S. 88—89; Abs. 2: S. 5 b β.

§ 924.

Gegen den Beschluß, durch welchen ein Arrest angeordnet wird, findet Widerspruch statt.

Die widersprechende Partei hat den Gegner unter Mitteilung der Gründe, welche sie für die Aufhebung des Arrestes geltend machen will, zur mündlichen Verhandlung zu laden. Ist das Arrestgericht ein Amtsgericht, so ist der Widerspruch unter Angabe der Gründe, welche für die Aufhebung des Arrestes geltend gemacht werden sollen, schriftlich oder zum Protokolle des Gerichtsschreibers zu erheben; das Gericht hat Termin zur mündlichen Verhandlung von Amts wegen zu bestimmen.

Durch Erhebung des Widerspruchs wird die Vollziehung des Arrestes nicht gehemmt. S. 89b.

Register.

A

T

U

V

Kolibri 360 GmbH
Ferdinand-Jühlke-Straße 7
99095 Erfurt, Deutschland
produktsicherheit@kolibri360.de